初中数学课堂教学的 20个细节

吴小兵 —— 编著

南京师范大学出版社

图书在版编目(CIP)数据

初中数学课堂教学的 20 个细节 / 吴小兵编著. ——南京：南京师范大学出版社，2016.7
ISBN 978-7-5651-2551-5

Ⅰ. ①初… Ⅱ. ①吴… Ⅲ. ①中学数学课—教学研究—初中 Ⅳ. ①G633.602

中国版本图书馆 CIP 数据核字(2016)第 038803 号

书　　名	初中数学课堂教学的 20 个细节
编　　著	吴小兵
责任编辑	孙　涛
出版发行	南京师范大学出版社
地　　址	江苏省南京市宁海路 122 号(邮编:210097)
电　　话	(025)83598919(总编办)　83598412(营销部)　83598297(邮购部)
网　　址	http://www.njnup.com
电子信箱	nspzbb@163.com
照　　排	南京理工大学印刷照排中心
印　　刷	盐城华光印刷厂
开　　本	787 毫米×960 毫米　1/16
印　　张	13.5
字　　数	201 千
版　　次	2016 年 7 月第 1 版　2016 年 7 月第 1 次印刷
书　　号	ISBN 978-7-5651-2551-5
定　　价	35.00 元

出 版 人　彭志斌

南京师大版图书若有印装问题请与销售商调换
版权所有　侵权必究

序

　　教学改革是一盘大棋局，需要改革者有大视野，做好顶层设计。然而，仅有顶层设计而没有实践操作层面对教学细节的关注、把握与研究，改革只能流于形式，坠入空洞，难达预期的效果。

　　课堂教学细节是课堂活动的外显行为和外部表现，"以生为本""先学后教"新理念固然使人激动，"问题探究""合作学习"新样态的确令人耳目一新，"有效教学""高效课堂"新追求获得了人们的普遍认同。但仅有宏观或中观层面的改革举措和大处着眼的整体布局，而没有见诸微观层面教学细节的小处着手的设计，则同样难有改革的成功。

　　所谓教学细节，一般有两种理解：一种是作为构成教学行为的最小单位，是教学行为的微观分解，犹如教学过程长链条中的一环节，表现为多样的形式和复杂的结构，形成于特定的教学情景中，具有独立的教学价值和意义。另一种是指教学过程中的关节点和关键点，对教学具有重要的推动和联接作用。本书所指的教学细节，既包含前面广义的理解，同时也涵盖后面较狭义的意涵，尤以后者为重。

　　教学是一门科学，但同时又是一门艺术。作为一门科学，它要求教学过程完全遵循教学规律运行，按照学生的认知规律设计，整个教学顺序、各个教学步骤之间有其内在的逻辑关联，教学细节的处理体现出科学性；同样，作为一门艺术，又要求教育者具有一定的教学机智、教育智慧，在面临不同教学现场和对象时，需要发挥其高超的教学艺术，细腻地处理一些教学细节。简言之，把握和研究教学细节，对追求教学实践的科学与艺术统一及进一步提高课堂教学质量有很重要的意义。

　　教学细节是可以从外部进行观察的具体教学行为或教学行为的组合，它看得见、听得到、摸得着，具有外显性和可观察性的特征。它可以是教师的言语、表情、肢体语言，可以是师生之间互动的行为组合，可以是特定情境中学生对教学的一种重要的行为反应,当然也可以是教师对某个关节点处理的方式方法。就此而言,教学细节似乎是一种"技术活",对于教学细节处理的成功与否,体现了教育者的经验多寡和教学技能技巧的水平高低,甚至亦反映出"生手"与"熟手"在具体教学行为方面的重要差异之一。可见,对于教学细节的管理有助于提高教师专业化水平、增强教学的适应性和针对性,提高教学水平,甚至形成教师个人的教学风格。

教学细节是师生内隐的、抽象的思维活动和内在情感的外显化、具体化和操作化,因此,教学细节在体现了教师"教学技术"的高低之外,也折射出教师所秉持的教学理念和拥有的教学智慧。一方面有什么样的教学理念就会有什么样的教学行为,另一方面教学行为在某种程度上亦体现了教学理念。教学细节作为更加微观的教学行为,当然亦体现着一定的价值追求。就此而论,教学细节似乎又不纯粹是"技术",而是教学理念的产物,是透视教师教学理念的"放大镜"。故而通过深度描述和考察教学细节,探究其中的科学与艺术,有利于真正树立正确的教学理念,提升教师的教学智慧,优化教师的教学行为。

教学是有目的、有计划、有组织的过程,因此,作为最小教学行为单位的教学细节一方面是预设的,具有计划性,但另一方面它又是在更为微观视域下的一个互动的动态生成过程,更具生成性。预设性与生成性的统一,构成了教学细节的特质,而生成性细节更反映出教师的教学智慧。苏联著名教育家苏霍姆林斯基说过,教育的技巧并不在于能预见到课堂的所有细节,而是在于根据当时的具体情况,巧妙地在学生不知不觉中做出相应的调整。

这套《课堂教学的20个细节》丛书,其主编及撰稿人均是有着丰富教学经验、充满教育情怀和教学智慧的一线教师。他们对于每个教学细节的剖析、品味、反思,不仅文字读来亲切、真实,引发共鸣,而且还能让人从朴实无华的文字背后感受到作者对课堂教学细节的感悟、反思、改造与重构,体会到作者令人难忘的教学智慧。是为序。

胡金平

(南京师范大学教育科学学院教授,博士生导师)

目 录

序 ·· 胡金平（1）

细节 1　找准课堂导入契合点···························（1）

细节 2　把握课堂最佳作用时机·························（7）

细节 3　突破课堂"瓶颈"状态···························（16）

细节 4　推进课堂进程的动态生成·······················（23）

细节 5　提升学生课堂有效参与度·······················（31）

细节 6　释放学生自主合作的空间·······················（39）

细节 7　给予学生动手实践的机会·······················（46）

细节 8　注重学生数学思维能力的培养···················（54）

细节 9　注重数学思想和方法的渗透·····················（61）

细节 10　注重数学活动经验的获取······················（71）

细节 11　善于重组教材································（78）

细节 12　理清课堂教学主线 …………………………………… (84)

细节 13　凸显板书的教学价值 ………………………………… (95)

细节 14　解题教学中合理使用特定解法 ……………………… (101)

细节 15　把好复习课教学关 …………………………………… (110)

细节 16　重视评价试题设计 …………………………………… (121)

细节 17　关注说题 ……………………………………………… (128)

细节 18　关注微课 ……………………………………………… (135)

细节 19　几何教学中的辅助工具 ……………………………… (150)

细节 20　重视数学文化的培养 ………………………………… (157)

附　录

课例 1　验证勾股定理(第 1 课时) …………………………… (163)

课例 2　圆周角(第 1 课时) …………………………………… (171)

课例 3　预设与生成同举　引领与自悟并重
　　　　——人教版八上"14.1 变量与函数"(第 1 课时)课堂
　　　　实录与反思 ………………………………………… (177)

课例 4　解一元一次方程(一)
　　　　——合并同类项与移项(第 1 课时) ………………… (189)

课例 5　"一次函数"全章复习 ………………………………… (197)

课例 6　"全等三角形"章测试卷讲评课 ……………………… (202)

细节 1

找准课堂导入契合点

细节阐述

课堂导入是数学课堂教学进程的起始环节,导入的成功与否会直接影响到整节课的成败。一般来说,教师用相对简洁的语言或情境拉开一节课的序幕,以引起学生对新课内容的学习欲望,激发其积极的思维活动,随之师生进入课堂教学的主体进程。课堂导入作为课前与上课的过渡转换阶段,应能吸引学生注意,安定学生学习情绪,沟通师生情感,并大致确定全课基调。精彩的课堂导入会使学生如沐春风,快速进入一种美妙的境界。

初中数学课堂的导入设计,不仅要体现数学学科特点、内容特点,也要遵循学习数学的认知规律,以及符合初中学生的年龄特征和活动经验,以促使学生更加积极主动地投入到数学学习中,取得事半功倍的教学效果。

一、新课导入的一般特点

1. 针对性

新课导入应具有针对性,是指教师在起始环节中一方面要考虑教学的内容需要,另一方面还应顾及学生的自身特点。首先,应以教学内容为基础,依标扣本,针对学习内容的实际需求来设计导入的内容和形式;其次,导入需要综合考虑学生的年龄、原有知识储备、学习状态、兴趣爱好等,做到有的放矢。在教学实践中,不同年龄段的学生宜采用不同的导入方式,一般低年级段多采用直观、生动、趣味性强的材料和形式,高年级段可采用类比、迁移、设疑等方式。"导"是辅助,"入"才是根本,应服从课堂全局,不可舍本求末。

2. 趣味性

孔子说过,"知之者不如好之者,好之者不如乐之者"。兴趣是动机产生的重要主观原因,也是学生探求知识最直接、最活跃的强大内驱动力。如何通过创设特定的情境,以激发学生内在的求知欲望和学习兴趣,是新课导入必须关注的一个重要课题,教者应根据学生的具体情况以及学生的心理特点设计导入,尽可能既妙趣横生,寓教于乐,又不落俗套,令人耳目一新。

3. 启发性

导入的设计应从学生实际出发,采用设置悬念、揭示矛盾等方式启发学生思考、发现问题,正所谓"不愤不启,不悱不发",可激发学生产生解决问题的强烈愿望,促使其自主进入探求新知的境界。

4. 新颖性

教育心理学研究表明,"新异刺激"可以帮助学生更有效地强化感知态度,引起注意指向,并能更容易地提出适宜探究活动的问题。一般来讲,新颖的导课往往更加容易出奇制胜,取得较好的教学效果。

二、好的新课导入应具有的功能

1. 更利于学生集中注意力

好的导入能起到先声夺人的效果,使学生一上课就进入学习状态,并紧紧地抓住其注意力,使其精力集中到教学内容上来。这样,整节课教师能一气呵成,学生轻松愉悦、心驰神往。

2. 更利于激发学生的兴趣

教师通过各种导入的方法和技巧,把学生的注意力快速吸引到教学内容上来,自然有助于激发学生的学习兴趣,这种兴趣就是学生学习本节课内容的最佳动力,也是本节课成功的基本保证。

3. 更利于启迪学生的思维

新颖的、充满思考性的导入会给学生留下想象的空间,让学生能由此及彼、由因到果、由表至里、由特殊迁移到一般,收到启迪思维的惊人效果,使学生的思维能力得到培养。

4. 更利于调整学生的状态

好的导入使学生更加明确学习的目的,使其更自觉地控制和调节自己的学习活动状态,从而能更出色地完成学习任务。特别是从学生的生活实际出发的导入,平淡而实在,很容易激发学生的好奇心和求知欲,不留痕迹地引领学生进入新的学习领域。

❥·典型案例 1·❦

激趣导思,轻松进入——"图形的旋转"起始课课前交流

笔者有一次在苏州借班上课,教学内容为"图形的旋转"一章起始课,课前3～4分钟开始了与学生的一段"闲聊":

师:大家平时上课学习都挺辛苦的吧?

生:(众)是啊!

师:节假日可以休息一下了?

生:肯定的。

师:那大家节假日一般怎么放松啊?

生:出去玩!……郊游!……吃!(大笑)……

师:那有没有到苏州乐园之类的地方转转的?

生:早去过了。……去了几次了。

师:敢坐那儿的摩天轮吗?

生：敢啊！……我们几个还一起"组团"去坐的呢。

师：那大家坐完下来后，彼此还认识吗？

生：嗯？……（迟疑地看着笔者）当然还认识。

师：这说明大家坐在上面转了一圈后各自的容貌外形有没有改变呢？

生：（笑）肯定没有！

师：用我们之前学过的数学知识来表述的话，可以说大家转动之前与转动之后的"形象"之间是什么关系？

生：……全等？

师：聪明，一点就通！下面我们就开始今天的数学学习，看看这转动前后到底有着什么样的玄机。上课！……

◆ **案例反思** ◆

19世纪德国著名民主主义教育家第斯多惠说过："教育成功的艺术就在于使学生对你所教的东西感兴趣。"而有心的教师应该善于运用新颖的开场白来活跃气氛，调动学生兴致，以达到师生之间心理相容的良好局面。在本例中，笔者看似与学生闲聊，实则"意图"明确，在近乎拉家常式的轻松、和谐的氛围中一步步将学生引向本课的主要议题。学生尽管对笔者的问题"那大家坐完下来后，彼此还认识吗？"一开始感到有些唐突、出乎意外，但随即就领会了问题的深层含义，也就自然地认同了将这一问题引向数学化，有利于学生水到渠成地进入新课的学习。

►•典型案例2•◄

承前启后，温故探新——"圆周角"的导入

笔者参加江苏省初中数学优课评比，执教"圆周角"第1课时，新课伊始，笔者给出了三个问题：

1. 前面我们刚刚学习了一种与圆有关的角，是什么角？（圆心角）

2. 在所给的⊙O中，画出一个圆心角，回顾圆心角的定义、位置特征及其性质。

3. 改变所画角的顶点位置,则按新顶点与⊙O的位置关系,会产生哪几类情形的角?

(学生画图探究,教师巡视,请部分学生上黑板画图……)

在呈现的三类角中,观察它们的位置特征,让学生尝试给它们命名。

重点关注顶点在圆上的角,分析其位置特征:① 顶点在圆上;② 两边都和圆相交。由此揭示(板书)本课课题——圆周角,归纳其定义:顶点在圆上,并且两边都和圆相交的角叫作圆周角。

对圆周角进行辨析练习。

介绍圆周角与其所对弧的相互关系,按照圆心与圆周角的位置关系尝试给圆周角分类。

◆ 案例反思 ◆

"圆周角"一节是在学生学习了圆、弦、弧、圆心角等概念和相关知识之后编排的,圆周角与圆心角的关系在圆的有关说理、作图、计算中应用比较广泛,是研究圆与其他平面几何图形的桥梁和纽带。依据荷兰数学家、教育家弗赖登塔尔的"再创造"数学教学模式,本课以学生的独立学习为基础,开启整节课的学习,配以小组合作、全班交流、教师启导,从而建立以学生活动为主线的主要操作形式,以突出重点、突破难点,并发展学生的数学素养。通过创设一系列具有启发性、挑战性的几何问题情景激发学生学习的兴趣,引导学生用数学的眼光思考问题。整个课堂导入看似朴素、平淡,实则遵循着数学知识之间的内在联系和规律,并力求做到四"关注"、四"体现"。四"关注"即关注角的基本元素——顶点与边;关注图形(角)的运动变化;关注图形间的数量关系;关注学生的活动。四"体现"即体现核心概念;体现学生的合情推理能力;体现类比、分类、转化等数学思想方法;体现现代教育技术的应用。

•典型案例3•

精心构思,巧布悬念
——"一元二次方程的根与系数的关系"的导入

在"一元二次方程的根与系数的关系"起始课教学中,笔者首先抛出这样的问题:

设下列各一元二次方程的两根分别为 x_1, x_2,求值填表:

一元二次方程	x_1+x_2	$x_1 \cdot x_2$
① $x^2+4x+4=0$		
② $x^2-3x+2=0$		
③ $x^2+5x-6=0$		
④ $x^2-7x+2=0$		
⑤ $x^2+x-1=0$		
⑥ $x^2+3x+1=0$		
⑦ ( )x^2+( )x+( )$=0(a\neq 0, b^2-4ac\geq 0)$		

学生显然能很快求出①~③各方程的根,对相应开始三行数值的填写也很得心应手,但④~⑥各方程的填写明显迟缓。这时笔者提出:对④~⑥各方程的填写能否也像开始一样迅捷,甚至更快呢?而对于方程⑦,大家则可以自由给出满足条件$(a\neq 0, b^2-4ac\geq 0)$的 a,b,c 的值,看老师能否快速填出答案……

♦ 案例反思 ♦

这样的导入,可以快速激起学生的求知欲望,他们在惊讶于老师为什么能快速找出相应的 x_1+x_2 与 $x_1 \cdot x_2$ 的值的同时,迫切要求释疑,其思维指向之迅捷是不言而喻的,从而一上课就能将学生的兴奋点转移到课堂上来,并且整节课"箭无虚发",教者轻松愉快,听者跃跃欲试,心倾神往。

细节 2

把握课堂最佳作用时机

❀ 细节阐述 ❀

在数学课堂教学中,教师依据课程标准、教学内容、学生基础与年龄特征,确定课时教学目标,选用最优化的教学方法和组织形式,最终服务于教学的整体目标。在这一过程中,教师一方面要考虑教学的具体流程、施教内容,另一方面还应关注学生的学习心理状态,以期把握课堂最佳作用时机。

所谓课堂"最佳作用时机",是指学生在学习过程中自觉或不自觉发生的积极的心理变化,这类心理变化往往能将学生不良的学习心理状态调整转向,或能有助于学生维持稳定良好的学习心理状态,从而保证课堂教学的有效进行并最终顺利实现教学目标。这就要求教师在教学实施过程中,要能依据教学内容和过往的教学经验,贴近学生最近发展区,使学生在大脑皮层的相应区域产生兴奋中心,有效把握好教学中的最佳作用时机。

教师在课堂上并不是事无巨细方方面面都要讲到,而应紧紧围绕教学的目标和要求,多从教材的整体系统性、知识的前后连贯性和学生的实际基础水平等方面考虑,要善于对教材的内容进行解读、筛选,做到删繁就简,择精选萃,抓住相关内容的重点和难点,选择那些牵一发而动全身的关节点,着力挖掘,多问一问为什么,多求一求所以然。

首先,数学教师应善于对学生易混淆的问题进行剖析,通过对概念、方法、规律的提炼归纳,达到解惑的目的,让学生思路更加清晰,思维更加优化。其次,课堂探讨要有一定的深度,以培养学生主动性的学习状态,切忌利用简单答复的问题,否则会使学生兴味索然。简而言之,课堂上教师要选准问题的突破口,这犹如沙里淘金、花中采蜜,是教师的一种必备技能。

把握好课堂作用时机,一方面要看课堂教学的内容,另一方面更要考虑学生的接受能力和注意力等实际状况,具有相当的灵活性。首先,新课伊始就是一个很好的时机,一节课开始时教师若能给出引人深思的问题,学生的思维很容易一下子就处于积极状态。同样,课堂结束时设疑可以引发学生"且听下回分解"的欲望,产生意犹未尽的感觉,从而能有效促进学生课后钻研,自觉预习;其次,在讲解知识的关键之处发力,有利于突出重点,突破难点,让学生更主动地思考研判,并能活跃课堂气氛;最后,教师要留意学生的神情坐姿,当学生的精神不在状态时适时提出问题,可促使学生的注意力迅速回升。

著名教育家叶圣陶认为,教师不仅要教,而且要导。如何做好"导",实质上就是一个把握最佳作用时机的问题。他认为:"一要提问,二要指点。"如何指点,就是一个一个艺术性很强的问题。加强对数学课堂最佳作用时机的研究,在激发学生兴趣、启迪学生思维、培养学生创新精神、提高学生综合素质等方面都具有不同程度的作用。在今天的数学课堂中,教师若能重视课堂作用时机的把握,善加指点,则一定能收到事半功倍的效果。

►•典型案例 1•◄

把握有意注意与无意注意的相互转换

1. "角"的两边实质

在教学"角"一节中,教者利用屏幕呈现画角时两边无限延伸的动画,在画面的注意区域内,用字幕打出问题:这样的延伸会有尽头吗?这种在教学内容呈现过程中,适时插入问题,即使不期望学生回答,也能产生促进其思考的效果,从而在学生顺畅思维的引发下,推动其自然地、积极地参与。

2. 如何理解"平面"概念

对初中学生而言,几何中有很多概念难以用下定义的方式解释清楚,例如在开始学习几何时,不少学生对"平面"这一概念难以真正理解,如果教师直接给出所谓的定义,学生也难以一下子接受,于是笔者采用动手操作的方式予以解释。

师:(不经意地举起一个皱巴巴的信封)这个信封是平的吗?

生:不平。

师:你怎样说明它是不平的呢?

生:可以拿一支笔放在上面,发现笔与信封面之间有空隙,说明信封面是不平的。

师:(再举起弯曲的书面)这是平的吗?

生:还是不平。

师:当笔平放在中间时,也无任何空隙呀!

生:应该还需把笔转动看一看是否都不留空隙。

师:其实这也就是木工师傅在检验桌面是否平整或建筑工人检测水泥地面是否平整的方法。

◆ 案例反思 ◆

学生课堂学习的效果在较大程度上会受到注意力集中时间长短的影响,注意力集中时间越长,相对本次课掌握的内容就越多。而通过心理学研究表明,学生在课堂学习中注意力的集中时间是有阈限值的,一味地、强制性地要求学生长时间地集中注意力,有可能会适得其反,反而引起他们加倍的思维疲劳和厌烦。这就要求教师能灵活运用转换原理,一方面尽量促使学生能从无意注意转向有意注意,另一方面又要确保学生紧张的思维得到缓冲,使学生能有机会尽可能在轻松愉悦的氛围中让大脑得到短暂的调控休息,不过多地增加其思维负担。

◆典型案例2◆

挖掘游戏活动中的数学元素
——利用"不太可能的事情"学习"不太可能"

马洪亮老师在教学"事件的可能性"时,设置了这样一个情境。

师:同学们,昨天我做了一个梦,梦里我在与人掷骰子,第一次我便掷出了三个"6"全朝上,我赢了这个数……(伸出两根手指头,让学生猜)

生:两百?两千?两万?二十?两百万?

师:(不断地摇头,并拿出两枚硬币)两块!

(生哈哈大笑……)

师:我感到太少了,便把两枚硬币抛向空中……奇迹发生了,我发现这两枚硬币居然都站在地上。

生:啊?!

师:我感觉这两枚硬币一定不平凡,于是就拿去买了一张体育彩票,结果中了五百万。

生:哇……

师:我飘飘然,不知东南西北了。忽然,我想起了一个老朋友,我非常想把这个好消息告诉他,可是我忘了他的电话号码,情急之下,我拿起手机随意拨了一个号码,没想到通了,而且电话那头正是我的老朋友。

生:哈哈哈,不可能!

师:我把这一段奇遇告诉了他,他说:"你在做梦吧?"……这时我醒了,我后悔莫及……梦要是没醒多好啊!

(生笑声一片)

师:同学们,这样的事情你们相信吗?

生:不相信!

师:为什么?

生:我觉得这些事情都不太可能发生,而且连续几件都发生在你一个人的身上,可能性就更小了,所以我认为不可能发生。

师：是的，正是因为不太可能发生，使得大家不相信这样的事情会发生，那么，不太可能就是不可能吗？（师板书课题）

师：同学们，刚才梦中的事大家不相信会发生，现在我们就选择其中的一个来试试看，我们来做掷骰子的游戏，我先说一下规则：每次同时掷出三个骰子，记录掷出的"全是'6'"和"不全是'6'"两种情况出现的频数，并填表。每组掷40次，每个小组（4名同学）的一位同学操作，一位记录，其余同学监督；每掷10次换一名同学，让每个同学都试试。

（学生做游戏后填表……）

师：现在我们对全班数据进行汇总，我们全班15个小组，共掷了多少次？

生：600次。

师：请掷出三个"6"的同学举手。

（教师填写汇总表）

师：观察全班汇总的数据，你有什么发现吗？

生：我们组虽然没有掷出三个"6"，但班上有同学掷出，这说明这件事是有发生的可能的。现在我有点儿相信你梦中的事了。（笑声）

师：为什么只有一点儿？

生：因为这件事发生的可能性太小了。

师：你说得真棒！同学们还有什么发现吗？

生：可能性小并不意味着一定不会发生，"不太可能"不等于"不可能"。

师：刚才同学们的发言都很精彩，是的，不太可能仅仅是发生的机会非常小，但却不等于不可能，那么，很可能发生的事情是不是就一定能发生呢？下面我们再做一个活动。

……

师：同学们，我这里有四个袋子，每个袋中有白球和黄球共10个，每个球除颜色外都相同，现在我们分四个大组进行摸球活动。每个大组的同学从袋中轮流摸球，记录下所摸球的颜色后将球放回袋子中，拿袋子的同学每次都要将袋子摇匀，每组做20次。

（学生活动并做记录）

师：现在我们对全班数据进行汇总。

（教师填写汇总表）

师：我们全班共摸了多少次？摸到白球的次数是多少？黄球呢？它们各占总次数的百分比是多少？

生：全班共摸了80次，摸到白球17次，黄球63次。摸到白球的次数约占总次数的20%，摸到黄球的次数约占总次数的80%。

师：同学们，从这些数据中，你能发现什么？

生：我认为袋中黄颜色的球多。

生：我能猜出袋中两种颜色球的数目。

师：你猜猜看。

生：我觉得袋中应有8个黄球和2个白球。

生：我觉得他说的不一定正确，也可能有7个黄球和3个白球。

师：你们说得都很好，我们不妨打开袋子数数看。

（师生齐数共有8个黄球和2个白球）

师：如果任意从袋中摸出一球，你认为摸到哪种球的可能性大？

生：摸到黄球的可能性大。

师：既然摸到黄球的可能性大，那么我给你一次机会，你能否保证一定摸到黄球？

生：一定。

师：（微笑着）你下了这么大的决心要摸到黄球，就让你试试看。

（生摸出了一个黄球）

师：同学们，她摸到了黄球，你对这一结果有什么想法？

生：虽然她摸到了黄球，但这只能说明摸到黄球的可能性更大，却不能说一定能摸到，刚才摸球的时候就有人摸到白球，这说明了"很有可能"并不等于"一定"。

◆ 专家点评 ◆

  陈省身先生讲："数学好玩。"学习数学本就应该成为一个快乐的体验过程，而有创意、游戏式的数学活动对于学生来讲有着天然的吸引力。这与新课程倡导的让学生亲身经历数学知识的形成与应用过程，鼓励学生自主探索与合作交流,让学生在实践中学习的主张是一脉相承的。本细节就是基于这一理念,让学生经历、体验知识的形成过程,在游戏与活动中去主动探索,体验发现带来的快乐。教者把生活中的几件不太可能的事件通过所谓的"梦境"有机地组合在一起,学生越听越感到离奇,越听越不相信,在多种情境的刺激下,说出了"不太可能就是不可能"的初步印象。于是教者借助游戏的形式,让学生通过小组的实践活动感悟知识的生成过程,概括出所感知的知识内容,澄清了生活中的一些不恰当的语言表达,有利于培养他们用数据说话的习惯和合作交流的精神。而随着游戏形式的升级,教者进一步让学生主动参与到学习活动中来,在实践中感悟、猜想、验证,有利于培养学生积极主动的学习态度,更有利于培养学生的主动探索、勇于实践的科学精神。

典型案例3

满足表现欲望,提升学习热情——比较线段的长短

王晓燕老师在教学"比较线段的长短"时,设置了这样的探究活动。

情景1: 教师不小心把课本掉在教室门口,请同学帮忙捡一下,并解释你为什么选择这条路线?

情景2: 出示教材中相应图片,小狗和小猫为什么都选择直的路线?难道它们也懂数学?

师:小组先合作,讨论一下。

(学生纷纷讨论,兴致极高。几分钟后)

师:哪位同学能把你们组讨论的结果告诉大家。

(学生们争先恐后地举手)

师:请4组的5号同学回答。

生1:我会走最直的路线去捡这本书。(该生说着并沿直线走了过去,快速把书捡了起来)

师:同学们,他为什么选择这样的路线,而不选择别的路线?

生2:这样好走。

生3:这样走最省时间。

生4:这样走简单。

……

生6：这样走最近。

师：为什么这样走最近？

生5：因为这样走是直的。

生6：直的最近。

师：(赞许)这位同学回答得非常好！因为是直来直去，所以这条路线最短。

师：现在请大家思考一下，如果把小狗用一个点 A 表示，把猎物用另一个点 B 表示，那么小狗走的路线就是线段 AB，把它作为第①路线；从点 A 走到点 B，除了线段 AB，还可以有无数条路线，如第②路线，第③路线……(老师在黑板上画出图形)

从图中，大家可以看出在这些路线中，哪条最短？

生：(异口同声)①最短。

(师板书)

1. 在两点之间的所有连线中，线段最短，简称"两点之间线段最短"。

2. 两点间线段的长度，叫作两点之间的距离。

师：关于这两个知识点，请大家注意以下几点：

① 两点之间线段最短，不是直线最短。

② 两点间线段的长度，叫两点间的距离。注意是线段的长度。

师：请大家理解一下这两个知识点。

◆ 专家点评 ◆

每个人都希望别人把自己当作有能力、能出色完成某种工作的人。教师在教学中若能够准确把握学生的这一心理状态，不失时机地创造机会和情境，满足他们的这种愿望，激发起学生的求知欲望，并为其树立更高的学习目标，那么，学生的学习热情将会被最大程度地激发起来，不但能出色地完成任务，甚而有可能由此改变一个人的学习、生活态度。

在本课设置的探究活动中，从创设的"老师的书掉到地上寻求帮助"、"小猫和小狗为了争抢食物而奔跑"这样学生比较熟悉的生活情景出发,提出了"难道它们也懂数学?"的疑问。这样的情景,贴近学生的生活实际,学生很容易"上手"解决,从而激发学生探究回答的欲望,使课堂从一开始就充满表现的氛围。而把小狗、猎物各表示为一个点,把小狗的行走路线表示为一条直线,这样把实际问题抽象成数学问题并板书于黑板,教师辅助以语言讲解,让学生充分直观地体会到"两点之间线段最短",明确两点之间距离的含义,并初步了解数形结合的数学思想。最终根据课堂教学的需要以及学生的思路适时调整提问方式,环环相扣地提出问题,启而有发地引导学生,使他们的思路向主题靠拢;并从学生的回答中,不失时机地挖掘"闪光点",加以引申引导,从而更有效地达成本次课的目标。

细节 3
突破课堂"瓶颈"状态

细节阐述

　　瓶颈,一般用来形容事业发展中遇到的停滞不前的阶段,这个阶段就像某些瓶子的颈部一样是一个狭窄的关口,再往上便是出口,但是如果没有找到突破的方向,就有可能较长时间被束缚在瓶颈状态。目前数学课堂中普遍重视新知引入情境的创设,此时学生受好奇心和新鲜感的驱使,兴致盎然,能较快接受新的概念、法则、定理等表象内容,但由于一个短暂的兴奋期过后,他们对相关知识外延和内涵的掌握往往会陷入类似瓶颈的状态,此时学生的学习思维会处于一个相对平淡期,效率不高,这就需要教师有效掌控,及时调整,引领学生有效突破瓶颈状态。

　　如何突破数学课堂"瓶颈"状态?一是注重数学实验教学,二是注重启迪学生思维。数学实验,是学生通过观察、思考、操作、试验、验证等实践活动来进行数学学习的一种形式,是为了探索某些数学知识、检验某些数学结论或者假设而进行的某种思维或操作活动。数学家华罗庚指出,数缺形时少直观,形缺数时难入微。数学实验一般具有实践性和可操作性,在"实验"的过程中对所研究的数学内容"可视化",从而使学生从中获得数和形的概念,并逐步学会对其适度抽象,再进行更高层次上的"再实验",逐步体会出数学的研究方法和构成体系。因此,数学实验可以帮助学生学会数学思维的物质实践方法,更好地掌握数学研究规律,培养理性思考问题的习惯,解决学科和实际生活中的问题,并懂得检验和论证问题结果的意义,而这也正是新课标所倡导的数学素养和人文价值所在。

启迪学生思维的目的是发展学生的思维,这也是突破数学课堂"瓶颈"状态的关键所在,因为思维能力是一切能力的核心,正是学生思维能力的发展,才能逐步学会对事物表象进行感知,进而学会分析、概括、归纳,从而获得认识事物本质的能力。一个人思维能力的强弱,与其知识理论、水平有关,更与其思维方式有关,因而在数学课堂教学中,学生思维能力的培养显得至关重要,教者必须坚持不懈地予以重视。

当然,为更有效地突破传统课堂的束缚,应充分利用现代信息技术对课堂教学内容进行优化,并注重保持与学生建立和谐的师生关系,在新课改的背景下,不断创新教学方法,最大程度地激发出学生的主观能动性,真正提高课堂教学效益。

>•典型案例 1•<

打破平静状态,激发活跃状态——求代数式的值

某位教师在给学生介绍了代数式的概念后,准备继续引领学生学习探讨如何求代数式的值,但此时学生的注意力仍放在对"代数式"概念本身的琢磨上,更无暇顾及为什么要对"代数式"求值。鉴于此,该教师突然提出一个问题:"同学们,你们知道将来能长多高吗?"学生一愣:"这哪知道啊?""那想不想知道啊?""想……"于是,该教师抛出了身高预测公式,即男孩成年后的身高约等于$\frac{x+y}{2}\times 1.08$,女孩成年后的身高约等于$\frac{0.923x+y}{2}$,其中 x 表示其父亲的身高,y 表示其母亲的身高。学生们一下子来了精神,很快,每个人都把自己的预测身高给算了出来,其中个别计算结果竟有十几米高,但很快检查出自己的错误所在,及时予以纠正。大家都非常兴奋地相互通报自己将来的身高情况,甚至一个男生满脸惊讶地说:"呀!我应该能长到接近两米啊!"……这时,教师略做点拨:其实,大家刚才所进行的活动就是求代数式的值!

◆ **专家点评** ◆

　　课堂教学是一个动态的富于变化的过程,但教学实践中,不少学生由于和教师相处时间较长,他们对教师的教法比较熟悉,因而在课堂教学中,学生对教师的教学容易产生"又跟以前差不多的想法",既不觉得新鲜也不感到厌烦,只是平静地坐在那里等待。这种平静状态是一种不积极的心理状态,此时学生的思维质量不高,对教学内容虽能接受,但印象不深。这就要求教师精心创意,时常出其不意,打破这种平静状态,激发其思维进入活跃状态,加深对教学内容的理解。

典型案例2

故设思维障碍,建构解题方法——"配方法"的建构

　　"配方法"是初中数学中的一种重要方法,在一元二次方程的解法、二次函数中都有涉及,但是讲授"配方法"却经常令人无从下手。崔明宇老师在介绍"配方法"时,巧借数形结合思想,设置了问题链的形式,一步步引领学生发现思路,建构方法。

　　师:我们已学过了利用直接开平方法解一些特殊形式的一元二次方程,请你举出几个这样的方程。(学生举例)这种方程具有什么特点?

　　生:等式的一边是含有未知数的整式的平方,另一边是一个非负数。

　　师:看图(1),已知正方形的边长为 x,它的面积可以表示为_____;如果边长增加4,新正方形的边长为_____,面积表示为_____;如果新正方形的面积为400,由此可以列方程_____。你能求出原来正方形的边长 x 吗?

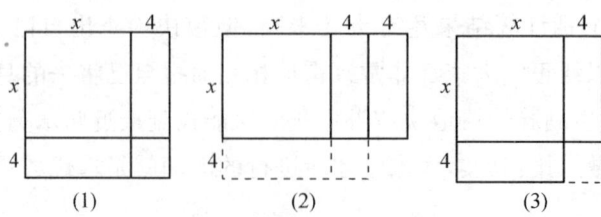

学生不难列出方程$(x+4)^2=400$,并且轻而易举地利用直接开平方法求出原正方形的边长x。

师:在图(1)中,右下角的小正方形的边长是_____,面积是_____。我们截去这个小正方形,把余下的三部分拼成图(2)形状,现在这个图形是个矩形,它的边长分别是_____、_____,面积可以表示成_____,实际上它的面积是_____,于是我们也可以列出一个方程_____。

生:$x(x+8)=384$,即$x^2+8x=384$ ①。

师:这个方程怎样解?(学生一愣,在此之前进行得都比较顺利,基本没有障碍,但这个问题把学生难住了)

师:(趁热打铁)把图(2)还原拼成图(3)形状,但现在不是正方形了,需要补上一块什么样的图形才能得到一个大正方形?……(学生回答:$4\times4=16$的正方形)。原来面积是_____(384),现在大正方形面积是_____($384+16=400$),现在正方形边长是_____($x+4$)。

可得什么方程?

生:$x^2+8x+4^2=384+4^2$,即$(x+4)^2=400$ ②。

师:对比方程①、②,能发现什么?

生:实际上就是方程①的两边都加上了一个数4^2得到方程②。

师:这样,方程①经过我们的操作左边配成了一个我们熟悉的式子:完全平方式。所以这个方程对我们来说就没有困难了,我们可以通过直接开平方的方法来解它。

(生归纳,师点拨)为什么方程①不能用直接开平方的方法解,而方程②能呢?哪一步比较重要?是怎样处理的?引出课题:这就是我们要研究的用"配方法"解一元二次方程。

◆ **专家点评** ◆

通过问题链,一方面层层递进,循序渐进地启发学生思维,又突然故设思维障碍,似乎到了山重水复疑无路的地步,而在引领学生逐步建构解决问题的方法的过程中,自然引出课题并解决问题,使得最终柳暗花明又一村。

·典型案例3·

顺应认知规律,完善认知结构
——"平方根"概念教学的比较

俞京宁老师曾对"平方根"概念的教学进行过案例比较。

教学片断1:上课开始,教师呈现一组面积不同的正方形,要求学生求边长 x。

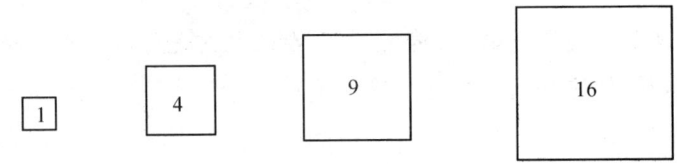

这组题对于学生来讲,能够很快地得到答案。由于边长都非负,所以学生的第一反应说出的都是这组数的算术平方根,因为教师设计要讲平方根,所以要求学生写出计算过程,并强调 $x^2=1, x=\pm 1$,然后取正舍负,再由这四个例子进行抽象概括出平方根与算术平方根的定义:即 $x^2=a$ 时,我们把 x 叫作 a 的平方根,其中正值又叫作 a 的算术平方根。接下来就是根据定义求一些非负数的平方根与算术平方根的题组训练。

表面上看,教师似乎让学生经历了从特殊到一般的抽象概括的过程,但实质上,教师的设计只是形式化的,并没有使学生真正地参与到平方根的发生与形成过程中,更没有让学生真正弄清楚为什么 x 叫作 a 的平方根,所以可以想到的是学生只是机械地接受概念,在此基础上照猫画虎式进行解题练习,这种做法一定会造成学生后期将平方根与算术平方根混淆。

教学片断2:设计如下,教师首先利用竞赛的形式,给出两组练习,要求学生口答后,观察两组题目的区别与联系。

$3^2=?$　　　　　　　　$(?)^2=9$
$(-3)^2=?$

$\left(\dfrac{1}{2}\right)^2 = ?$

$\left(-\dfrac{1}{2}\right)^2 = ?$

$0.1^2 = ?$

$(-0.1)^2 = ?$

已知底数求幂

$(?)^2 = \dfrac{1}{4}$

$(?)^2 = 0.01$

已知幂求底数

即由 $x^2 = a$，求 x。这种引入概念的方法，是建立在新旧知识的联系上，充分考虑学生已有的知识经验，使学生在具体数值的计算中，发现规律：第一组题已知底数、指数，求幂；第二组题已知幂、指数，求底数，在此基础上学生能够从特殊推广到一般。当学生由具体到抽象得到 $x^2 = a$ 时，教师可以提出：此时将已知数 a 仍叫作幂、x 叫作底数合适吗？学生回忆加减法互逆后以及乘除法互逆后各数的名称都发生了变化，所以 $x^2 = a$ 中各部分的名称也应相应改变。教师可以不急于给出平方根的概念，而让学生结合式子的特点给 x 命名，由于 a 是已知数，此式从形式上看是一元二次方程，而求 x 就相当于求方程中的未知数，结合已有知识，学生能够想到诸如"方程的根（解）""平方的根"等，在此基础上，教师再规范成"平方根"。这样会更有利于学生对平方根的理解，因为在参与命名时，学生就要认真分析式子以及结果的特点，对理解概念有帮助，在此基础上，创设生活中的实例，使学生感受到生活中更多的是应用平方根中那个非负的，顺势提出非负的平方根如何命名？学生结合小学学的都是算术，很容易说出算术平方根。这也保证与数学结果唯一的特性一致了。此外，在分析 $x^2 = a$ 时，也可以引导学生总结出，式子中的三个量，知其二，可以求第三个，为后续高中学习奠定基础。

◆ 专家点评 ◆

类比不仅是一种重要形式，而且是引入新概念的重要方法。例如，可以通过同类项的定义类比地归纳出同类二次根式的定义，通过类比分数得到分式的概念，类比一元一次方程得到一元一次不等式、二元一次方程、一元二次方程、一次函数等概念。作这样的类比更有利于学生理解和区别概念，在对比之下，既掌握了概念，又可以减少概念的混淆。

概念的引入方法很多，设计时不仅要考虑概念自身的特点，还要结合学生的认识水平及生活经验，本着有利于凸显概念本质的原则。以上面提到的平方根概念的教学引入为例，俞京宁老师认为首先要思考为什么要学习这个概念？不学行不行？其次还要弄清对这个概念学生难以理解的原因：以前学生大多接触的是答案唯一的情况，而正数的平方根都是两个，互为相反数，答案不唯一了，这与学生已有的思维习惯产生了冲突，所以学生非常不习惯，而教学片断1所提到的这位教师所借助的利用已知正方形面积求边长的问题设计，并没有突破这个难点；相反，容易造成平方根与算术平方根的混乱，实际上，在他所设置的背景下，应该先介绍算术平方根更好，因为实际生活中，涉及开方问题的结果，绝大部分都是取非负数，并不能形象地揭示平方根的两个结果。所以，教材就先安排的是算术平方根，然后，在不限定字母的取值范围时，再引入平方根的概念，有利于突出两个概念的区别，在对比中加深对平方根概念的理解。其实，平方根的概念与其以生活实际为背景引入，不如从平方与开平方互为逆运算的角度引入更有利于突出重点、突破难点。因为学生已学过的加减互为逆运算、乘除互为逆运算，在此基础上研究乘方的逆运算——开方。

从上述看似简单，甚至可认为是不经意间一闪而过的教学片断可看出，有效突破数学课堂中的瓶颈状态，对课堂教学设计的预设要求、具体实施及教学效果都会产生深刻的影响，教师应予以重视。

细节 4
推进课堂进程的动态生成

细节阐述

《义务教育数学课程标准(2011年版)》在教学建议中提到"教学中应当注意的几个关系",其第一点即为注意"预设"与"生成"的关系,即教师经过解读,对教材进行钻研、理解和再创造,从而较好地把握教材的编写意图和相应内容的价值,并能根据学生的基础状况等,选择较为适合的素材和方法流程,从而形成教学方案,这就是所谓的"预设"。

而在具体教学过程中,需将教学方案予以落实,即将"预设"转化为现实的教学活动。在这一过程中,由于师生双方的互动,必然会派生出新的"课堂资源",这就需要教者准确把握、扬弃,并能适时调整预案,及时生成新的措施,使课堂教学活动收到更好的效果,这也是强调"生成"的意义所在。

教学的动态生成是指:教学是一个动态的过程,无法预见其中全部的具体因素和场景,总会产生无法预料的生成性问题,教师作为一个组织者、引导者和合作者,应改变完全照搬预设、机械僵化的教学模式,应学生而动,应情境而变,敏锐捕捉筛选不期而至的生长点,创造性地利用生成性资源,调整师生行为,建构互动的、具有生成性的教学过程。

在教学实践中,学生的原有经验、学习需要等有可能会发生转移,甚至会在较大程度上偏离预设,这就需要教师能敏锐地捕捉此种变化,并利用即时的教学资源,重新整理、组织教学内容,使课堂教学进程继续向理想方向推进。

一、动态生成式教学的一般特征

1. 非完全预设性

课堂教学过程并非表演过程,而是处于一个不断推进、不断发展的境地,这当中教师试图起到最佳的引领作用。但纵使是智者千虑,也终有疏漏或未曾预料的地方,这就决定了课堂教学过程不可能完全预设性,从而也就为"生成"预留了空间,因此,生成的首要特征即是非完全预设性。

2. 自然性

《老子》中提到"道法自然",这是老子为世人提供的方法论,即万事万物的运行法则都是遵守自然规律的,我们的课堂生成式教学也不例外。教师的教和学生的学都是在各自的主观意志和自然意志支配下的活动,显然应遵循教育教学规律,使师生双方的活动自然地展开,而不是各个环节生硬地堆砌,其最为成功的反面教材就是"揠苗助长"的典故,因此"自然性"在生成式教学中就显得弥足珍贵。

3. 循序渐进性

瑞士心理学家皮亚杰的发生认识论中曾经提出:"客体只是由不断地接近而被达到,也就是说,客体代表着一个其本身永远不会被达到的极限。"这就明确告知我们,知识意义的生成是一个不断发展、逐渐接近的过程,它不可能一蹴而就,每次完成的结果都是不完全的,都应有待于继续被完善,再发展到一个更高层次的水平,因此,个体知识具有暂时性,认知主体必须对知识不断进行循环、深化,这与新课程标准所倡导的"螺旋上升"是一脉相承的。

4. 创造性

这里的创造性是指合理、协调地运用形象思维、逻辑思维、直觉思维,并可借助于动手实践、实验等方式,使有关信息有序化,以产生积极的突破常规的效果。教学过程中之所以会产生无法预料的生成性问题，就是因为学生主体思维的独特性，这些问题的发现、提出、解决，都是生成式教学中创造性的具体体现。

二、数学课堂动态生成性资源

在不同类型的教学情境中，会产生各种形态的生成性资源。

1. 内生型资源与外诱型资源

内生型资源：学生在学习过程中凭借自己已有的学习经验，对学习活动或学习内容形成不同的理解，即对问题存在多种解读方式，而这几乎都会超出教者的预想，这种与对学习内容直接相关的多种解读方式就会产生内生型动态生成性资源。也就是说，教者既定的教学进程被学生的不同"理解"等打乱，教者必然做出选择，包括利用或者不利用，从而产生相应的教学资源就是内生型资源。

外诱型资源：并非与学习活动或学习内容直接理解相关，而是由突发事件或偶发情境所引起的资源，包括学生在做与教学无关的事，甚至违纪等。有的教师会将此类资源纳入自己课堂的关注范围，也有的教师予以回避，置之不理。

2. 显性资源和潜在资源

生成性资源根据其是否易被观察、易被发现，可以分为显性资源和潜在资源。例如，在数学解题教学中，对于某道典型问题，教师本来只准备或只想到一种或一类方法，但在具体授课时，学生集思广益，却想到了更多的思路与方法，甚至还能举一反三，将问题推向深入。这种可通过具体方式感知，但先前无法完全预期的资源就称为显性资源。

而潜在资源则与显性资源相对应，它难以直接衡量或感知，但确实又对课堂教学产生重大影响，是推进课堂进程的无形资源，这其中也包括学生的情感、态度、价值观等方面产生的新的资源，而且这些资源有时比具体的知识技能更为重要，对学生的影响力也更为持久。

3. 主动性资源和被动性资源

依据学生获取资源的主体投入程度，可把生成性资源分为主动性资源和被动性资源。主动性资源是指并非教师所预期的而是由学生自发或自觉生成的资源。对于这类生成性资源，教师应果断机智地做出相应的判断以及不同程度的开发或不开发的处理，使学生参与教学的积极性得到最大程度的肯定和可持续的发展。

被动性资源是指教师根据教学内容和教学需要，设置相关情境，引领学生在开放、宽松的课堂氛围中自由表达自己的想法，同时能围绕相关主题进行一定层次的对话，从而生成新的资源。这类资源由于是在教师已有的准备基础上产生的，因此更能调控大致方向，也相对比主动性资源更易把握。

典型案例 1·

捕捉课堂生长点——"圆的集合定义"教学

笔者在讲解"圆的集合定义"时，学生对将一个图形看作是符合某种条件的点的集合所应满足的两方面要求理解得并不很深刻：一方面图形上的每个点都符合该条件（即纯粹性）；另一方面符合条件的每一个点都在该图形上（即完备性）。笔者即使反复举例，如"角平分线是角的内部到角两边距离相等的点的集合"、"线段垂直平分线是和线段两端距离相等的点的集合"，学生仍旧似懂非懂。这时，笔者急中生智，突然提问："大家看，我们教室里现在能看作是初三(6)班全体学生的集合吗？"学生先是一愣，但马上反应过来笑答："不能，你不符合条件。"我立即迈出教室，接着又问："大家再看，现在教室里能看作初三(6)班全体学生的集合吗？"整个课堂气氛一下就活跃起来，学生在这轻松自然的氛围中都理解了纯粹性的要求。我又走回教室不动声色拉起最前排的一位同学一起迈出教室，追问："大家再看，此时教室里还能看作是初三(6)班全体学生的集合吗？"大家又从中理解了完备性这一要求。

◆ 案例反思 ◆

笔者在备课时尽管已预料到圆的集合定义对学生来说是一个难点，但还是未能完全把握住学生的困难程度，因而在具体教学实践时发现学生理解得不是十分透彻，这时就需要教者发挥教学机智，突然而又自然地以教师和学生自身为例，使学生轻松掌握了圆的集合定义的本质。

▶·典型案例2·◀

善用生成性资源——"突如其来"的中位线的性质

邵萍老师介绍过这样一个听课教学片断。

教师在给出中位线的概念后，布置了一个操作探究活动。

师：大家把手中的三角形纸片沿其一条中位线剪开，并用剪得的纸片拼出一个四边形，由这个活动你可以得到哪些和中位线有关的结论？

（学生正准备动手操作，一名学生举起了手）

生：我不剪彩纸也知道结论。

师：你知道什么结论？

生：三角形的中位线平行于第三边并等于第三边的一半。

（教师没有想到会出现这么个"程咬金"，脸冷了下来）

师：你怎么知道的？

生：我昨天预习了，书上这么说的。

师：就你聪明，坐下！

（后面的教学是在沉闷的气氛中进行的，学生操作完成后再也不敢举手发言了）

……

◆ 专家点评 ◆

面对课堂上出现的各种各样的意外生成，教师如何正确应对，如何让这些生成为我们高效的课堂教学服务，如何把自己课前的预设和课堂上的生成有效融合，从而实现教学效果的最大化，这是教师时刻面临的问题。

在课堂上,教师面对的是一群有着不同生活经历、有自己的想法,在很多方面存在差异的生命体,也正是因为有这种差异,课堂才是充满变化、丰富多彩的,教师如果不能适应这种变化,不能及时正确处理课堂的生成,那么其课堂效果将很难保证是高效的。在上面的教学片断中教师对学生直接说出中位线的性质很是不满,因为这样一来教师后面设计好的精彩探索活动就没有必要再进行了,碰上这样的意外,该教师采取了生硬的处理方式,让其他学生继续探索,但此时教师的不满情绪和处理这件事情的方式使得全班同学失去了探索的兴趣和发言的勇气。教师如果换一种方式,先表扬发言学生"你真是个爱学习的学生,我相信你还是个爱思考的学生!"然后让他和大家一道动手操作、探索、验证中位线为什么会具有这样的性质,课堂效果应该会更好。

生成从性质角度来说,有积极的一面,也有消极的一面;从效果角度来说,既有有效的一面,也有无效的一面。教师在课堂上要充分发挥好自己组织者的角色,不断地捕捉、判断、重组课堂教学中从学生那里涌现出来的各种生成并能快速断定哪些生成对教学是有效的,哪些生成偏离了教学目标,一名优秀的数学教师应该能够正确应对课堂上出现的各种各样的生成,使之为我们的数学教学服务,提高课堂教学的效果。

❥·典型案例3·❦

动态生成的阻抗因素——"分式的引入"教学

课堂教学是教师和学生双方相互交往互动的实践过程,在这过程中,教师显然起着主导、引领作用,因此教师的主观愿望、内省动力是推动教育教学改革的源动力。但由于受升学指挥棒和社会要求的影响,很多教师的教学重心主要放在对学生进行机械训练、强化训练、考试模拟等环节,以期自己的学生在考试选拔中处于更有利的地位,这也就遏制了很多教师进行教学改革的愿望,在具体行动上表现得不是很积极。

同时,动态生成式教学的整体实施将是一次重大的课堂教学整体变革,确实需要教师付出艰辛的劳动,这也使很多教师望而生畏,或预感到自己能力、精力有限,不一定能顺利完成教学改革的任务,从而在一定程度上进一步削弱了实施动态生成式教学的主观愿望。

笔者曾观摩过一次区级初中数学青年教师优课评比活动,上课的形式采取同课异构,内容均为"分式"第一课时(人教版"分式"是八下内容,但此时学生还在八年级上学期),其中一位青年教师的课堂引入是这样的。

问题:请尝试将下列式子按某种标准进行分类,并简要说明理由。

① $\dfrac{2}{3}$;② $\dfrac{7}{x}$;③ $-3x^2$;④ $\dfrac{1}{5}x+y$;⑤ $\dfrac{100}{20+v}$;⑥ $\dfrac{x}{\pi-1}$;⑦ $\dfrac{s}{a}$;⑧ $\dfrac{m-4}{5}$;⑨ $\dfrac{2a+b}{3a-b}$;⑩ $\dfrac{a^2-b^2}{a-b}$。

(稍作等待后,该教师请四位学生上黑板用序号写出各自分类的结果)

生1:$\begin{cases} ① & (常数); \\ ②④⑤⑥⑦⑧⑨ & (1次); \\ ③⑩ & (2次)。\end{cases}$

生2:$\begin{cases} ① & (常数); \\ ③④⑥⑧ & (分母是常数); \\ ②⑤⑦⑨⑩ & (分母不是常数)。\end{cases}$

生3:$\begin{cases} ① & (分数); \\ ③ & (单项式); \\ ④⑧ & (多项式); \\ ②⑤⑥⑦⑨⑩ & (分母含有字母)。\end{cases}$

生4:$\begin{cases} ①③④⑧ & (单项式、多项式); \\ ②⑤⑥⑦⑨⑩ & (不是单项式与多项式)。\end{cases}$

教者让四位学生再分别口头阐述了一下分类理由,询问大家:你们觉得哪位同学的分类更合理呢?学生的意见也难一下子统一,教者于是说:那我们一起来看看第四位同学的分类情况。然后师生一起对学生4的分类进行甄别、修缮,引出分式的定义,而对其余三位同学的分类几乎没有做评论。

♦ **专家点评** ♦

"分式"是初中数学概念教学的一个典型章节,各种教学设计形式层出不穷,当然大多都以从分数正向迁移到分式为主要形式。该教者从对式子按形式进行分类切入也不失为一种较好的尝试,但笔者却觉得有两处值得商榷:一是在开始预设时所给式子数量略微嫌多,让学生有种雾里看花终隔一层的感觉,不容易抓住问题实质,且第⑥个式子过早地出现了分母中含π的形式,学生更是将其与字母混为一谈,干扰了对其真实形式的理解,这显然是教者预设时未能充分考虑到的;二是针对四位学生的分类结果,教者应对生成的经验略显不足,处理得较为草率,白白放弃了本也弥足珍贵的其余三位学生的分类成果。笔者的建议是正视学生出现的问题,提升其教学价值,有的放矢地进行修正,既让学生深入领会所给式子形式上的异同,又能让学生学会处理问题的方法。例如,对于学生1的分类,从最朴素的角度看,也是有其可取之处的,学生是想借鉴"项"的次数来加以区分的,但由于尚未接触分式,又未得到提示,只注意到字母的指数,而未能对字母本身所处的位置加以考量;学生2的分类应该说已具有相当水准,他已将分母中含有字母的式子单独划为一类,并能知晓π不是字母形式,只是未能遵循分类的一个重要原则——不重不漏,其第一类是可以隶属于第二类的;学生3的分类略显杂乱,但也能关注到式子分母是否含有字母这一重要特征。退一步来看,任何学生的分类一般都会基于某种因素的考量,只是在没有明确目标的引领下不易集中,但这并非全是学生能力欠缺造成的,而更加说明教师灵活处理正确生成的重要性。

细节 5
提升学生课堂有效参与度

▶·细节阐述·◀

作为一种新的认知理论,建构主义的兴起是近 20 多年来的事情,但其思想却并不是什么新鲜事物,按照建构主义的观点,苏格拉底的"产婆术"显然是建构主义教学的典范,而瑞士心理学家皮亚杰因其创立的儿童认知发展理论,被看作当代建构主义理论的最早提出者。建构主义理论认为,学习是学习者积极主动的建构过程,学习者并不是被动地接受外来信息,而是根据自身认知结构主动而有选择性地知觉外来信息,建构与当前事物有关的意义。建构主义强调学习的情境性、社会性和主动性,认为学习者总会以自己的方式建构对事物的理解,教学应增进学生之间的合作,让学生看到与其不同的观点,教学不应该忽视学习者已有的知识经验,而应当将学习者已有的知识经验看作新知识的生长点,恰当地引导学习者从自身原有知识经验中生长出新的知识经验,这显然是与维果斯基的"最近发展区"理论是相通的。教学不是知识的传递,更多的应是知识的处理和转换。这一过程中教师是意义建构的促进者,而非知识的提供者和灌输者。学生是意义建构的主动者,也就是学习信息加工的主体。同时,教学应以解决学生在现实生活中遇到的问题为目标,使学习发生在与现实情境类似的情境中,因此对学习内容不能做过于简单化的处理,以免使其过于远离现实的问题情境,教师并不完全是将提前已准备好的内容呈现给学生,而是应当在课堂上尽量展示出与现实中专家解决问题相类似的探索过程,提供解决问题的原始素材,并指导学生的探索。教师一方面要为建构提供理解所需的基础,另一方面又必须留给学生足够的建构空间,并引导他们针对具体情境采用适当的策略。

基于上述认识,要想提高课堂教学的效益,显然必须提升学生的课堂有效参与度。

学生课堂有效参与度是指学生参与课堂教学的频度、广度和深度,是新课程标准下进行课堂评价的重要指标,也是衡量学生课堂主体地位发挥与否的重要标志。一节好的课堂应是学生积极主动真正参与的课堂,而不是仅仅表面活跃热闹,实质是无启无发,学生得不到真正的提升。

为了更好地促进学生课堂的有效参与度,我们可以通过以下维度予以衡量:

一是学生参与学习的态度,即在民主平等的师生关系下,学生学习兴趣浓厚,思维活跃,在行为上、情感上积极投身于探索过程中。

二是学生参与学习的广度,即师生、生生之间广泛交流,从学生个体,到小组参与,再到全班合作,形成整体互动、全员参与的和谐氛围。

三是学生参与学习的深度,即在教师具有启发性、思考性、发展性的问题中,学生能积极寻求解决途径,有思维的深刻性和发散性。

四是学生参与学习的效度,即学生的课堂学习是有效而有收获的,并尽可能拥有自身独特的学习体验。

➤·典型案例 1·◄

从最近发展区出发提升学生有效参与度
——"三角形的边"同课异构教学

笔者参加一次同课异构教学研讨活动,先后听两位教师执教同一课题"三角形的边"。第一节课(以下简称课①)主要按如下流程展开:(1)揭示课题,提出要求引导学生阅读教材,包括:课本相关页码讲了哪些知识?对这些知识你是怎样研究和理解的?阅读中有哪些问题我们需要共同研究?(2)全班交流讨论,包括三角形的定义、有关概念、分类、三边关系;(3)师生共同总结,包括今天研究的内容哪些是小学里没有学过或者是学过但是没有用规范的语言表达过的;通过今天的讨论,对如何阅读教材有没有启发?而第二节课(以下简称课②)主要流程如下:(1)引入,前面我们学习了线段、角等几何图形的初步知识,今天我们一起研究另外一种图形,其实大家也很熟悉(出示三角板)——三角形;(2)通过学生动手画三角形,归纳三角形的定义,包括三角形的有关概念、表示方法;(3)师生归纳三角形的分类方法;(4)探索、归纳三角形的三边关系定理;(5)师生共同小结。

两节课老师的执教风格有着较大的不同,学生的反应状态也大相径庭,因而给与会者的听课感受也是迥异的。下面以两节课中各自对"三角形的三边关系"这一知识点的探究为例予以具体记录比较。

课① 三角形的三边关系:

师:三角形的定义中的条件反映出了三角形三边的位置关系,请大家思考:是不是任意长度的三条线段都能首尾顺次相接构成三角形?大家可以小组讨论。

生:三角形两边的和大于第三边。

师:为什么呢?

(学生沉默)

师:有这样一个问题:有人说自己步子大,能一步跨出4米,你相信吗?为什么?

生:不信,因为他两条腿加起来也没4米长。

师:这说明将他两腿和所跨的步长看作一个三角形,两边之和必须大于第三边。

练习:下列长度的三条线段能否组成三角形?为什么?
(1) 3,4,8;(2) 5,6,11;(3) 5,6,10。

生:第(3)组能,另外两组不能,因为必须两条线段之和大于第三条。

师:若已知长度为5和10的两条线段,能构成三角形的第三条线段必须满足什么条件?

生:大于5,小于15。

师：若已知两条线段的长度为 a 和 b，第三条线段 c 的长度必须满足什么条件？

（请一学生上黑板板演：$|a-b|<c<a+b$）

……

课② 三角形的三边关系：

师：组成三角形的三条线段除了位置关系外（不在同一条直线上，首尾顺次相接），长度上还应具备什么特征？大家可以借助身边类似线段的工具操作比画一下。

（学生同桌之间利用笔、直尺等工具，合作操作组成三角形。两组同桌上前演示自己的成果）

师：你们根据自己的操作发现了什么？

生：三条线段有时候能组成三角形，有时候不能组成三角形。

师：那到底什么时候能？什么时候不能呢？

生：两边的和大于第三边的时候能组成三角形，两边的和小于或等于第三边的时候不能组成三角形。

师：不能组成三角形还能叫"边"吗？

生：不能，应说"线段"。

师：根据大家的发现，我们能概括得到什么结论？

生：三角形两边的和大于第三边。

师：用符号语言表示呢？

生：$a+b>c$，$a+c>b$，$b+c>a$。

师：利用操作的方法我们说明了三角形的三边关系，但还必须用说理的方法说明结论成立。大家想想看，该如何说明？

（学生沉默）

师：大家可以小组讨论。

生：（在 $\triangle ABC$ 中）从点 A 到点 B 的话，直接过去，或从点 A 先到点 C 再到点 B，根据两点之间线段最短，显然直接过去更短。

师：找到了问题的关键，也就是三角形的三边关系的理论依据是"两点之间线段最短"。

练习：三条线段的长度分别为：(1) 3，8，10；(2) 5，2，7；(3) 5，5，

11；(4) 13,12,20。能组成三角形的有(　　)组

A. 1　　　　B. 2　　　　C. 3　　　　D. 4

(学生回答)

师：那么，三条线段在比较时，是否都需要比较三次呢？

生：只要两条小的和大于最大的即可。

师：把式子 $a+b>c, a+c>b, b+c>a$ 分别移项，得到什么样的式子？

生：$c-b<a, b-a<c, a-c<b$。

师：用文字语言概括呢？

生：三角形两边的差小于第三边。

师：能不能用这一结论来解决上述练习？

(生略)

师：在练习中知道了长度为 3,8,10 的三条线段能组成三角形，那么能够与长度为 3,10 的两条线段组成三角形的第三条线段的长度一定是 8 吗？为什么？

(学生讨论、举出具体例子，归纳并概括：

三角形的一边大于另两边的差、小于另两边的和。

符号语言：$c-b<a<c+b, c-a<b<c+a, a-b<c<a+b$)

师：这就是三角形三边关系定理(板书)。当已知三条线段时应用三边关系定理或推论来判断；若已知两条线段，寻求第三条线段时，必须两者都满足。

……

◆ 专家点评 ◆

课①主要采用阅读讨论的方式帮助学生实现知识建构，但整体感觉学生的"汇报"有些杂乱，且有不少答非所问。而课②以探索讨论的方式引领学生对各个知识点逐步生成，从而达成对教材的梳理建构，在这一过程中，教者始终给予学生思考的空间，并善于等待，从让学生画三角形、说三角形、探讨组成三角形三条线段的位置关系与数量关系，并由感性认识上升到理性分析。对比两节课，抛开任教者个人特质、教

学风格的不同,其课堂中学生的有效参与度是有着较大差异的,而究其缘由,形成这一差异的最根本原因,乃是任教者在引领过程中对学生最近发展区把握的差异。课①中有些环节教者对某些设问考虑不够成熟,与学生的原有认识结构和储备相差较远,导致学生无所适从,知其然不知其所以然,极易游离在预设之外;而课②在这方面处理得就颇为老道,所设问题大多启发性较强而不失细腻,利于学生把握并正向迁移。

"自学·议论·引导"教学法创始人李庾南老师在评价这两节课时也强调,数学课堂应抓住问题的本质,譬如在本课题中应抓三角形三边的位置关系、数量关系,并要真正研究学生,以学定教,整节课要能用"一根线"串联起来,才能真正让学生有效参与进来。

典型案例 2

从改变教学呈现形式提升学生有效参与度
——"多项式的乘法"教学比较

房晓华老师在教学"多项式的乘法"时,采用了两种不同的方案。

方案一:按照教材的体系正常进行教学,用大小不同的四个长方形卡片(提前准备好)拼成一个更大的长方形,通过计算面积得出法则:$(m+a)(n+b)=mn+mb+an+ab$。但是,从学生迷茫的眼神中显然发现效果不是太理想,于是在另一个班准备了第二种方案。

方案二:采用了"握手法"让学生掌握运算法则。

首先请四名学生分别代表 m、a、n、b(其中 m、a 为 A 国领导人,n、b 为 B 国领导人),现在 A 国的两位领导人将第一次出访 B 国,B 国的领导人亲自到机场迎接。

师:两国领导人见面后,他们会怎么做?

生:会握手问好!

师:下面让他们表演一下这个情景,好吗?

("两国领导人"在同学们的笑声中分别握手。当然,教师要根据学生的表演情况进行适当的指导与提示,接着提出几个预先设计好的问题)

问题1 他们每个人分别握了几次手？A国的领导人m只与B国的n握手行吗？

生：两次，即A国的m与B国的n、b握手，a与n、b也握了手。A国的m只与B国的n握手不行，如果A国的m不与B国的b握手，那么所有人都会认为A国的m没有礼貌。

问题2 为什么m与a、n与b不互相握手呢？

生：因为他们是一个国家的，早就认识了。

问题3 看了他们的表演，你有什么想法？

生1：我发现他们的握手与我们今天学习的"多项式的乘法"有相似之处。

生2：他们握手的情形可以看作$(m+a)(n+b)$。

师：很好！那又怎么算呢？

[学生思考后，回答：把m与n、b的握手可以看作$m(n+b)$，a与n、b的握手可以看作$a(n+b)$]

生3：$m(n+b)$的计算也可以看作m与n、m与b单独握手，以此类推。由他们握手的过程可以得到如下等式：$(m+a)(n+b)=m(n+b)+a(n+b)=mn+mb+an+ab$。

◆ **专家点评** ◆

学生的回答说明了教者的情境设计目的达到了，之后的随堂练习也证明了这一点。这种"握手法"不但使学生很快掌握了"多项式的乘法"，而且还进一步使他们认识了人与人之间的礼貌交往，更使他们明白了数学与生活紧密相连，真可谓"一石三鸟"。

▶·典型案例3·◀

从改变学习探求方式提升学生有效参与度
——探讨"圆内接四边形的性质"

师：前面我们已经学习了一类特殊四边形——平行四边形、矩形、菱形、正方形的性质，那么要探讨圆内接四边形的性质，一般要从哪几个方面入手？

生：边、角、对角线吧。

学生在教师适当指导下进行如下操作：

（1）每名学生打开"几何画板"，动手任意画⊙O和⊙O的内接四边形$ABCD$。

（2）记录可测量的各类值（圆的半径和四边形的边、内角、对角线、周长、面积），并观察这些量之间的关系。

（3）适当改变圆的半径大小，进一步观察这些量有无变化，以及由(2)观察得出的某些关系有无变化。

（4）移动四边形的一个顶点，这些量有无变化？由(2)观察得出的某些关系有无变化？移动四边形的四个顶点呢？移动三个顶点呢？

（5）如何用命题的形式表述刚才的实验得出来的结论呢？

……

◆ 专家点评 ◆

  关于圆内接四边形的性质的引出，在本案例中并没有像教材那样直接给出定理，然后证明，而是通过使用"几何画板"，采取了让学生动手画图、测量、观察、分析、比较、概括等方式，从改变圆的半径，移动四边形的顶点开始，使初中平面几何的学习方式发生了重大的变化，那就是让图形出来说话，充分调动学生的直觉思维。这样一来不仅极大地激发了学生学习的兴趣，而且比过去的教学更能够使学生深刻地理解平面几何。利用"几何画板"，使学生通过对直观图形的观察、归纳和猜想，自己去发现结论，并用命题的形式表述结论。这样既调动了学生学习数学的积极性和主动性，增强了学生参与数学活动的意识，又培养了学生的动手实践能力，让学生以研究的方式学习几何，进一步突出学生在学习中的主体地位。

细节 6
释放学生自主合作的空间

> **细节阐述**

《义务教育数学课程标准(2011版)》指出:在数学教学活动中,教师应激发学生学习的积极因素,帮助他们在自主探索和合作交流的过程中真正理解和掌握基本的数学知识与技能、数学思想和方法。从这一点出发,要达到数学学习的目的,必须增强学生的主体意识和观念,强调学生自身的活动性,并通过主动参与和互动合作,获得丰富的数学体验。这也要求教师应灵活地运用教学智慧创设有利于学生发展的教学情境,构建具有教育性、实践性、创造性并利于合作的学生主体体验活动,促进学生全面发展。

自主合作学习是指在小组中为了完成共同的任务,经历动手实践、自主探索和合作交流的过程,是有明确责任分工的互助性学习,强调学生学习的亲历性、参与性、合作性。

课堂教学中的小组合作学习就是以 4~6 人为一组,将同一班级的学生按成绩、能力、性格诸方面的差异组建成若干个最优化的"同组异质、组间同质"的合作学习小组,以学生的互动合作为动力资源,以团体成绩为奖励依据的一种具有共同目标导向的教学活动。

一、竞争与协作——自主合作的关键

数学学习中同学之间的交往应形成发散式的网状结构,我们要注意同学个体之间的信息传递和知识互补,使学生置身于既竞争又协作

的学习情境中。当然,教师在教学活动中也要留给学生充裕的自由活动的天地,根据教学任务的不同,把一些特定问题抛给学生,同时将学生编为规模不一的群体,让学生对教师抛给的问题进行讨论或研究。在这种氛围中,每位同学都应创造机会发表自己的见解,但同时又必须学会倾听别人的观点,借以自鉴。而小组群体间的竞争与协作也将成为必然。教师将有意识地穿插带有竞赛因素的学生活动,可以以个体为代表,也可以以小组集体为基本单位,通过竞争决出胜负,从而体现学生的集体意识和团队精神。

二、取长补短——自主合作的保证

同一班级中学生间存在着个体差异,而且有时这种差异是相当明显的,这就意味着课堂合作中学生有可能形成新的不平衡态势,外向情感型学生的"合作表演"机会可能会大大超过内向情感型学生或学习基础薄弱的学生。因此,学生都必须充分相信自己,注意取长补短,在群体合作中不断增长才干,提高合作水平,从而使自主合作得到根本的保证。

三、探索小组合作学习的有效方法和途径

1. 做好必要的前提准备

(1) 备好课。备课要做到两个"吃透",吃透课标教材、吃透学生,根据学生水平,恰到好处地设计。既要考虑问题的合作目的,又要考虑问题的合作价值;既要考虑合作的时机,又要考虑合作过程中可能出现的种种问题;既要精讲多练,又要因材施教等等。

(2) 分好组。分组的目的要使各小组之间能够公平竞争,而组内成员之间又能够相互支持、配合,相互帮助、学习,相互交流、评价,共同发展、进步。分组时,要考虑学生的学习水平、学习能力、学习兴趣及性格等多方面的因素,根据学生情况,按优势互补的原则进行合理的搭配。

（3）分好工。在分组的基础上给各小组成员进行明确分工，并建立一些基本的小组合作规则。既要有效地完成小组合作学习的任务，又要使每个成员都有思考的机会和时间，使每一个学生都能得到不同的体验、锻炼和提高，而不是热热闹闹走过场。

（4）教给学生合作技能。学生在合作学习中，主要是通过倾听、讨论、争辩、表达及参与实践等形式来展开的。为了提高合作的有效性，必须让学生学会倾听、学会讨论、学会表达、学会团结、学会组织、学会评价、学会承担责任等等。

2. 精心组织教学过程

（1）留给学生思考的时间。在小组合作学习前，如果没有让学生思考就立刻宣布"下面开始讨论"，学生还没来得及思考问题情境，更谈不上自己的独立方案，这样容易造成要么组内优生一言堂，要么使讨论流于形式的情况，达不到合作学习的目的。问题提出后，学生经过一段时间思考，等出现思考障碍或答案不一时，再开展小组合作学习。合作学习的时间也要充裕，确保每位参与者都能畅所欲言，充分表现自己，最大限度地发挥他们的潜能。

（2）选择适当的合作学习时机。不是每一节课都要搞小组合作学习，也不是所有的内容都适合合作学习，更不是所有的教学任务都要通过小组活动才能完成。有些问题根本不必要搞合作学习，有些问题又缺乏合作学习的价值。因此，教师要善于利用教学中产生的课程资源创设问题情境，提出一些对合作学习有价值、有一定深度的问题，供全体学生主动参与完成合作探究任务。

（3）善查学生合作需要。学生进行小组合作的时候，教师不是等待，不是观望，也不是去干其他事情，而是要深入到学习小组中，参与学生的学习活动，注意随时监控合作学习的进程和质量，帮助学生掌握相互合作、交流的方法。小组活动出现问题时，教师应及时进行干预和指导。小组的任务还不清楚时，教师要再耐心地向学生说明；小组讨论偏离主题时，教师应及时发现，及时制止；小组讨论受阻时，教师应为小组讨论提供及时的点拨等等。

3. 建立切合学生实际的评价方案

对小组合作学习的评价主要指"两个结合,两个侧重",即学习过程评价与学习结果评价相结合,侧重于对过程的评价;对合作小组集体的评价与对小组成员个人的评价相结合,侧重于对小组集体的评价。

▶典型案例 1◀

自主阅读,合作交流——自主合作学习"二元一次方程组"

(一) 相关知识储备

一元一次方程:只含有_____个未知数(元),未知数的次数都是_____,等号两边都是_____,这样的方程叫作一元一次方程。

方程的解:能使方程左右两边的值_____的_____的值,叫作方程的解。

(二) 自主阅读教材,思考下列问题,可以借助小组合作探讨。

1. 如何利用一元一次方程来解决本章引言中的问题?

(篮球联赛中,每场比赛都要分出胜负,每队胜一场得2分,负一场得1分。某队在10场比赛中得到16分,那么这个队胜负场数分别是多少?)

2. 教材 P88 页上是如何解决引言中的问题的?

3. 二元一次方程:含有_____个未知数,并且含有未知数的项的次数都是_____,像这样的方程叫作二元一次方程。

4. 什么是方程组?什么又是二元一次方程组?它有什么特征?

5. 什么是二元一次方程的解?如何理解二元一次方程组的解?

6. 自主学习后你还有哪些疑惑?

◆ 案例反思 ◆

传统的数学学习方式存在不少弊端,如:(1) 教师过于一言堂,或少数尖子学生唱主角,大多数学生当观众,其自主参与学习的时间和机会被剥夺;(2) 课堂上易造成明显的两极分化现象;(3) 课堂上的信息交流大都表现为师生之间的单向交流,而学生之间只是过多地强调个体间的比一比、赛一赛,极大地忽视了学生之间团结互助的作用,使学生个人目标与群体目标之间彼此分离,不利于学生的合作。

随着信息社会的到来,"学会自主、学会合作"已成为新时期人才必须具备的基本素质。而课堂教学活动是一种特殊的交往活动,包括师生之间、生生之间的多边合作,优化这些交往合作形式,既是课堂学习本身的客观要求,也是学生成长为新型人才的必经之路。

➤•典型案例 2•◄

自主合作学习的多样化形式
——"商品打折销售"的戏剧化处理

陈艳芳老师在教"商品打折销售"这节课时,为了使学生弄清其中相关的概念,课前安排了一个小戏剧:

在讲台上"批发商"拿出一盒铅笔,旁边立一个小牌子,上面写着:"学生铅笔批发,一打 3.60 元",某"商家"上前花了 7.20 元买了两打,回到座位将包装打开放在一个笔盒中,标价:"铅笔每支 0.50 元","顾客甲"走到"商家"的座位前花了 0.50 元买了一支铅笔,过了一会,"顾客乙"走到"商家"的座位前询问:"铅笔可以优惠些吗?""商家"回答:"原来我卖 0.50 元一支,现在八折优惠,0.40 元一支","顾客乙"花了 0.40 元买了一支铅笔。

类似商业活动表演结束后,陈老师请各学习小组讨论:"在刚才的表演中,成本、标价、实际售价、利润分别是多少?它们之间有怎样的等量关系呢?"学生很快进入了角色,明确了"成本"是商家进货的价钱;标价是标示出来的价钱;实际售价是商品售出时的价钱;利润是售出商品时商家赚的钱。在此基础上,学生立刻找出了它们之间的内在关系:成本+提高的价钱(利润)=标价,标价×打折折数=打折后的售价,利润=实际售价-成本。至此,学生解决问题变得水到渠成。

◆ 专家点评 ◆

英国教育家洛克说过:"把儿童应做的事情变成一种游戏似的,把身体与精神的训练相互结合形成一种娱乐,说不定就是教育的最大秘诀之一。"而生活本身是一个巨大的数学课堂,生活中客观存在着大量有价值的数学现象。因此,联系生活实际将数学知识与生活的情境结合,课堂显得更贴近于生活,更有利于对数学概念的理解。

典型案例 3

集思广益,寻求最佳方法
——"平行四边形的判定"例题分析

例 已知:如图,□$ABCD$ 中,E、F 分别是 AC 上两点,且 $BE \perp AC$ 于 E,$DF \perp AC$ 于 F。

求证:四边形 $BEDF$ 为平行四边形。

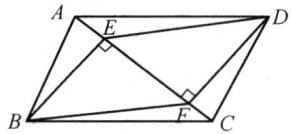

师:先由个人独立思考,再把自己的想法在 4 人小组中交流讨论,看要证四边形 $BEDF$ 是平行四边形,有哪些判定方法,最终选择你认为较简单的方法予以证明。

生 1(小组长):我们组讨论的结论如下:由 $BE \perp AC$,$DF \perp AC$,很容易得出 $BE \parallel DF$,要证明四边形 $BEDF$ 为平行四边形,只要再证 $BE = DF$,而通过 AAS 证明 $\triangle ABE \cong \triangle CDF$ 就可以证得 $BE = DF$,最终根据一组对边平行且相等的四边形是平行四边形来判定。

生 2:我们小组认为在证 $BE \parallel DF$ 的基础上还可以证明 $\triangle ADE \cong \triangle CBF$(当然不是最简单的方法),得到有关相等的角,再证 $DE \parallel BF$,从而根据两组对边分别平行的四边形是平行四边形来判定。

生 3:不考虑方法的简捷性,我们认为还可以分别证 $\triangle ABE \cong \triangle CDF$,$\triangle ADE \cong \triangle CBF$,得 $BE = DF$,$DE = BF$,这样可以根据两组对边分别相等的四边形是平行四边形来判定。

生 4:还可以连接 BD,与 AC 交点设为 O,显然 BD 与 AC 互相平分,再通过 AAS 证明 $\triangle ABE \cong \triangle CDF$ 就可以得到 $AE = CF$,也就得到 $EO = FO$,最终根据对角线互相平分的四边形是平行四边形来判定。

……

师：大家集思广益，找到了这么多的解决思路，真不容易，下面请你们选择其中一种思路书写证明过程。

……

◆ 专家点评 ◆

本案例引导学生在所学平行四边形的判定的理论基础上，鼓励学生尝试用不同的方法去解决问题，极大地活跃了学生的思维，加强了学生一题多解和寻找最佳解题方法的训练。通过该例题，帮助学生进一步巩固了所学的平行四边形的性质及判定，达到学以致用的目的，培养了学生的应用意识。

细节 7

给予学生动手实践的机会

➤ 细节阐述 ◄

传统的数学学习过程以学生的被动接受为主要特征,长此以往,会在一定程度上造成学生参与学习的积极性的缺失,而数学新课标指出:"除接受学习外,动手实践、自主探索与合作交流同样是学习数学的重要方式。学生应当有足够的时间和空间经历观察、实验、猜测、计算、推理、验证等活动过程。"基于这一认识,数学课堂中必须给予学生动手实践的机会,也就是尽可能让学生在亲身经历、适当体验的过程中,自主探究解决问题,从而更好地达到学习的目的。

中国俗语讲:眼见百遍,不如手做一遍。这其实与新课标所提出的在"做中学"有着异曲同工之妙。而布鲁纳的发现学习论认为:学生的学习过程包括实物操作、表象操作和符号操作三个阶段。而动手实践正是在于引领学生进行实物操作,让学生在实物操作过程中获得最本真、最直接的体验,而这种体验也是最为宝贵的,它将直接为"表象操作"和"符号操作"这两个阶段做充分的准备。

当然,也并非什么课、什么内容都需要动手实践,而应根据具体学习内容和学生年龄特征,尽量选择最有动手实践价值的内容放手给学生去实践。而且,动手实践也不一定仅仅局限在课堂上,一般在课前体验、课中操作、课后实践中都可以体现。

学生动手实践活动并没有统一的模式和要求,但信手拈来、随心所欲、草率从事的做法显然也是不可取的。一般而言,经过精心设计、论证，合乎逻辑联系的操作实践方法，不仅能使学生更容易获得知识，而且更有利于提高学生的逻辑思维能力，更好地培养其空间想象能力。

学生动手实践还要讲究一定的顺序，心理学研究表明：初中学生的思维，正处于无序思维到有序思维的潜在过渡阶段，因此，教师要积极引导，帮助学生训练思维的条理性。学生的思维一般是随着操作的顺序而展开的，操作程序一定程度上反映了学生接受的思维过程和逻辑顺序。如果操作的程序过于混乱，在学生的大脑中就无法形成清晰的认识。而有序的操作将帮助学生形成流畅清晰的思路，有利于发展学生的思维。学生在操作活动中所经历的分析、综合、抽象、概括等思维活动，对学生思维的条理性、整体性将会产生积极的影响。这就意味着教师要精心设计实践活动的操作程序，做到有条有理，让学生边操作、边思考，并进一步用实践促进思维，用思维指挥实践。同时，实践活动中的感知对象要突出，因为心理学研究表明，加大背景材料与感知对象的差异，突出感知对象，将会对提高知觉的效果具有重要作用，因此实践操作活动中还要适当突出感知对象，其一般途径可通过形状、位置、颜色、动态、声音等方面来实现。

▶典型案例 1◀

亲力亲为，发现归纳——"勾股定理的发现"教学

1. 课前准备

同桌两人为一组，每组发一个信封，信封内装有拼图用的卡纸片。

2. 诱发新知

投影问题：一艘轮船以 16 海里/时的速度离开港口向正东方向航行，另一艘轮船同时也从该港口以 12 海里/时的速度向正北方向航行，1 小时后它们相距多远？

学生（立即动手）很快画出示意图，但显然想求又不知如何求出两船的距离，其参与意识很快从潜伏状态转变为活跃状态。

3. 分析引导

师：细心的同学不难发现，此时若顺次连接两船和港口，会获得一个直角三角形，问题即转化为已知直角边求斜边，那么究竟该如何解决呢？

师：为了研究这个问题，我们一起来做一个拼图游戏。现在大家打开课前下发给每组的信封，看看里面装有什么。

生：是三角形纸片和正方形纸片。

师：数数看，各有几张？各自大小关系又怎样？

生1：8张全等的直角三角形纸片和3张大小不等的正方形纸片。

生2：我还发现3张正方形纸片的边长正好分别等于直角三角形纸片的三边长。

师：你的眼力可真厉害！

（学生笑……）

师：下面我们就来开展一次小组比赛，看看哪个小组的动手能力强，规则是同组的两人齐心协力，看哪个小组能在最短的时间内把这些纸片拼成两个既无缝隙，又不重叠的正方形，拼好的小组到黑板前借助小磁铁将图形展示出来。开始……

4. 动手探究

学生立即投入紧张的操作中，教室里伴有轻轻的讨论声，而教师则巡视，并对个别无从下手的小组进行指导。

最快的小组不到2分钟即完成拼图，并上来展示成果，随后又有几组也到黑板上展示成果，再后面要上来的小组被老师叫停。

黑板上展示的图形主要是以下几种（图1）：

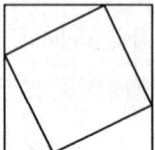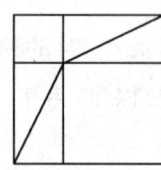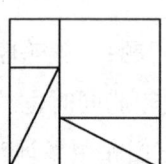

图1

师:大家观察,上述拼图是否符合我们开始的规则?

生:符合。

师:我们为上述同学特别是速度最快的两位同学点个赞。

5. 发现猜想

师:我们继续观察黑板上所拼的两类正方形(见图 2),为研究方便,设直角三角形两直角边长分别为 a,b,斜边长为 c,则 3 张正方形纸片的边长分别为 a,b,c。显然,这两类正方形面积有何关系?

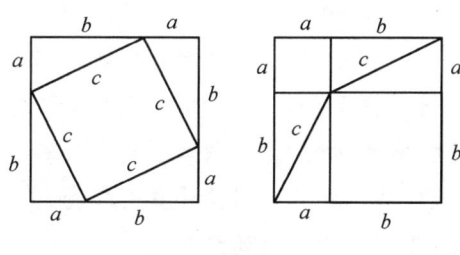

图 2

生:相等。

师:现在我们将两个正方形中各自的四个直角三角形纸片取走,余下图形的面积又如何?(见图 3)

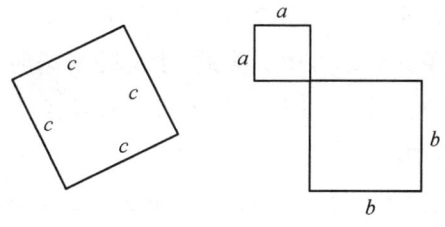

图 3

生:仍然相等。

师:由此你能发现什么?

生 3:大正方形面积等于两个小正方形面积之和。

师:这是表象,谁能看出本质吗?

生 4:由于大正方形面积就是直角三角形斜边的平方,而两个小正方形面积分别是两直角边的平方,因此可得直角三角形斜边的平方等于两直角边的平方和。

师:太棒了! 这真是一个"伟大的发现"! ……

◆ 案例反思 ◆

作为数学教学中最常见的也是使用最为广泛的动手实践的形式,拼图操作在对促进新知的学习中起着很独特的作用,学生可以在操作过程中发现现象、概括特征、形成规律、领会方法。在本例中,在新知诱发阶段,先以轮船航行的一个实际问题作为教学的出发点,设置悬念,通过学生"意料之中"的思维受阻,自然导入新课,引领学生开始对新知识——"勾股定理"进行探索。而对于如何开启探索过程,采用的是把动手拼图实验作为探索活动的开始,调动学生全员参与的积极性、主动性,努力做到由传统的数学课堂向实验课堂的转变,使学生动手实践与自主探究、合作交流贯穿于教学的始终。

·典型案例2·

巧捷多端,突破难点——"截"出来的几何体

于进敏老师在新授"截一个几何体"时,考虑到立方体的截面形状是一个难点,有三角形、矩形、正方形、梯形、五边形、六边形等多种形状,学生感到既抽象又难以理解。为此,于老师在课前为各小组准备了土豆和小刀,先引导各小组切出一个立方体来,让学生先截一个角,有的小组的学生兴奋地说:"我截出了一个三角形。"其他小组的成员也兴奋地说:"我们也截出了一个三角形。"接着教者要求他们找到三个面的对角线,切下去,问同学们:"看到了什么?"有的小组说截面形状是等边三角形,有的小组说:"怎么我们截不出来。"有的同学马上到他们小组,说:"我来截给你们看。"这样学生讲学生听,每个学生脸上都带着喜悦的、惊奇的表情,接着又要求他们横切竖切,全班学生都激动地说:看到了正方形,又要求他们从一个点出发,经过五个面切,一个小组截出来,另外五个小组截不出来,教者就先请截出来的那个小组的同学给大家演示,演示的这个学生的数学成绩不是很优秀,但他的动手能力很强,

对他本节课的表现,于老师给予表扬赞美,发现他一节课都情绪高昂,最后教者要求他们从三个面出发,经过每个面切下去,得到了六边形。最后,问:"能否得到七边形的截面?"小组讨论热烈,有的说能,教者就请他切切看看,终于说截不出,教者就引导学生观察立方体有几个面,学生说六个面,教者告诉大家:既然只有六个面,那最多只能得到六边形,无法得到七边形。

◆ 专家点评 ◆

在本案例中,由学生自己动手"操刀",虽说不上巧夺天工,但也可以说是巧捷多端,生动形象地在头脑中形成了立方体的各种截面形状,整节课充满了学生的主动参与、主动思考、主动发现、主动探讨,课堂氛围民主和谐,非常成功。

• 典型案例 3 •

注重直观,加强推理——"拼"出来的平行四边形

于红香老师在教学"平行四边形的性质"时,设计了一个动手操作环节。

1. 拼图游戏

师:你能利用手中两张全等的任意三角形纸板拼出四边形吗?

(学生活动)同桌两人合作拼图,2人上黑板拼图,并画出图形。主要有如下图(1)~(6)所示情形。

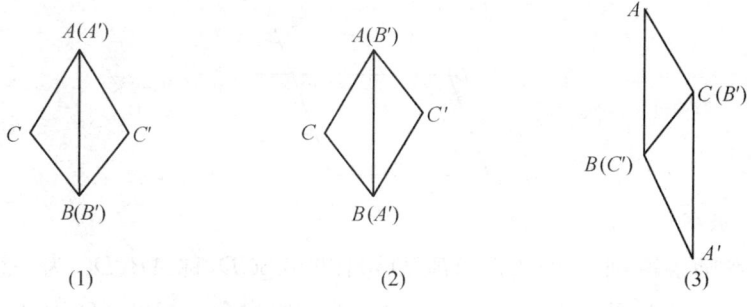

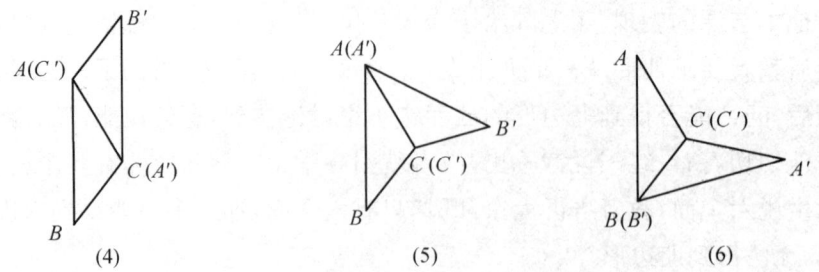

(4)　　　　　　(5)　　　　　　(6)

师：在小学里,我们就知道有两组对边分别平行的四边形叫平行四边形。黑板上展示的图形中,哪些是平行四边形呢?

生：图(2)、(3)、(4)是平行四边形。

师：那请你以图(2)为例,简单地说一说四边形 $AC'BC$ 为什么是平行四边形。

生：因为 $\angle B'A'C' = \angle BAC$,所以 $A'C' \parallel AC$,同理 $B'C' \parallel BC$。所以四边形 $AC'BC$ 是平行四边形。

师：正如我们之前强调过的,图形的定义有两方面作用,以平行四边形为例,其定义一方面可以判定一个四边形是不是平行四边形,另一方面可以得出平行四边形具有两组对边分别平行的性质。

(板书:平行四边形的定义及性质)

师：请同学们根据定义画一个平行四边形。

(学生活动:动手画图,感悟平行四边形)

教师示范：

(1) 画出一组邻边 AB、AD。

(2) 分别过点 D、点 B 作 AB、AD 的平行线,两平行线交于点 C。

∴ 四边形 $ABCD$ 就是所要画的平行四边形。

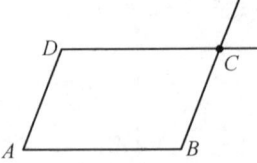

(板书……)

教师讲解：平行四边形 $ABCD$ 记作 $\square ABCD$,称 AB、DC 为一组对边,DA、BC 为另一组对边,$\angle A$、$\angle C$ 为一组对角,$\angle B$、$\angle D$ 为另一组

对角。线段 AC、BD 为 □$ABCD$ 的对角线。

2. 开放探究平行四边形的性质

师：观察平行四边形 $ABCD$，除了 $AB//CD$，$AD//BC$ 外，它的边、角之间还有没有其他关系？

（活动：学生利用学具小组合作探究）

生：我发现了在 □$ABCD$ 中，$AB=CD$，$AD=BC$。

生：我还发现了 $\angle A=\angle C$，$\angle B=\angle D$，$\angle A+\angle B=180°$，$\angle B+\angle C=180°$。

师：大家总结得很好，我们可以按边、角将平行四边形的性质进行归纳梳理。

（板书：平行四边形的性质：1. 平行四边形的对边相等。2. 平行四边形的对角相等）

师：刚才我们利用学具探究出了平行四边形的性质，同学们会不会利用以前所学的知识，通过说理，验证这两个结论呢？

（活动：学生独立思考、验证，两名学生上黑板验证）

师：连接平行四边形的对角线，是我们常作的辅助线，它构造出两个全等的三角形，从而将四边形的问题转化为熟悉的三角形的问题。

小结：

（1）平行四边形的性质。

（2）我们用不同的方法，从不同的角度，通过实验、说理得到了平行四边形的性质，它为我们得到线段相等、角相等提供了新的方法和依据。

◆ **专家点评** ◆

本案例在拼图之前，从学生的生活实际出发，创设情境，提出问题，激发了学生强烈的好奇心和求知欲，而通过拼图、画图、小组合作，又进一步从多方面完善了学生对平行四边形性质的认识，整个过程既注重直观操作，又与简单推理有机结合，把几何论证作为探究活动的自然延续和必然发展阶段。学以致用的体验，使学生感受到数学学习是有趣的、丰富的、有价值的。

细节 8

注重学生数学思维能力的培养

❥• 细节阐述 •❦

作为一门逻辑思维很强的学科,数学可以说与思维高度相关,而思维又是一种比较复杂的心理过程,主要是由人们的认识需要而引起的。数学思维一般可以理解为学生借助数学感性认识,运用观察、对比、分析、演绎、归纳、综合等基本方法,领会并掌握有关数学内容,能对相关的特定数学问题进行判断与推导,在此基础上获得对数学知识规律和本质的认识的能力。数学思维的形成是一个相对缓慢而渐进的过程,是建立在对数学基本概念、公式、定理等内容的理性理解基础上的,否则,就有可能会形成一定的暂时性的或长期性的数学思维障碍。事实上,学生数学思维产生障碍,有的是来自学生自身,有的是来自教师在教学中的疏漏。因此,注重学生数学思维能力的培养对于增强初中学生数学学习的时效性与实效性都有着十分重要的意义。

产生数学思维障碍的原因不尽相同,而作为主体的学生的思维习惯、思维方法都有所区别,因此,数学思维障碍的表现形式各异,常见的表现有:

1. 数学思维的肤浅性

部分学生在数学学习的过程中,并没有能深刻地理解一些数学概念与数学原理的发生、发展过程,可能仅仅停留在表象的概括水平上,还不能脱离具体表象而抽象出概念,也就自然无法摆脱局部事实的片面性，不能有效把握事物的本质。因此而产生几方面的后果：一是在分析和解决数学问题时，这部分学生往往只能顺着事物的发展过程去思考问题，即只注重由因到果的思维习惯，而不注重思维方式的变换，因而不能沿着多方面的角度去探索解决问题的途径和方法；二是相当部分学生缺乏足够的抽象思维能力，只是习惯于处理一些较为直观的数学问题，而往往对那些不够具体的、较为抽象的数学问题抓不住其本质，也就不能有效地转化成已知数学模型或过程去分析解决。

2. 数学思维的差异性

每个学生的数学思维基础不尽相同，其各自的思维方式也有着各自独特之处，因而不同的学生对于同一数学问题的感受、认识也不会完全相同，这就导致学生对数学知识的理解容易产生偏差，使得不少学生在解决数学问题时，挖掘不出问题中的隐含条件，也抓不住问题中的确定条件，从而影响问题的解决。另外，不少学生不知道用所学的数学概念、方法作为依据对问题进行分析推理，不能多角度地对问题中的结论进行分析和判断，也缺乏对自我思维进程的调控，从而造成思维障碍。

3. 数学思维定势的消极影响

当学生已经积累相当丰富的解题经验时，往往容易对自己的某些想法深信不疑，这就促使其很难放弃一些陈旧的解题经验，导致思维陷入僵化状态，不能够根据问题的新特点做出灵活的反应，从而常常阻抑更合理有效的思维认识。可见，学生数学思维障碍的形成，不利于学生数学思维的进一步发展，也不利于学生解决数学问题能力的提高。因此，在平时的数学教学中尤其要设法突破学生的数学思维障碍。

心理学的相关研究告诉我们：在教学中，要促使学生持续地产生学习意向，尽可能地创设出一种学习气氛，利用学生先前的知识经验和认知结构，引起其认知需求或冲突，使学生主动思索，急于求知。

▶典型案例 1◀

锤炼学生思维的缜密性——"勾股定理的初步应用"设计

师： 既然已经知晓了勾股定理，能不能帮我们解决本课引入时的轮船航行问题呢？

（引入问题：一艘轮船以 16 海里/时的速度离开港口向正东方向航行，另一艘轮船同时也从该港口以 12 海里/时的速度向正北方向航行，1 小时后它们相距多远？学生能很快画出示意图，但显然想求又不知如何求出两船的距离）

（学生再演算）

生 1： 利用勾股定理算得两船距离的平方和为 $16^2+12^2=400$，从而可知两船距离为 20 海里。

师： 很好，你真能学以致用。现在我们再出示几个小问题，请大家思考。

问题(1)：△ABC 中，已知 $a=3, b=4$，则 c 等于多少？

生 2： （脱口而出）5。

（不少学生在下面也随口附和：5）

生 3： （猛然醒悟似的）不对，并没有告诉我们是直角三角形，c 只能求出范围。

生（齐）： 噢……对！

问题(2)：Rt△ABC 中，已知 $a=3, b=4$，则 c 等于多少？

生 4： （很有把握）应该等于 5 吧。

（下面学生有人附和，有人思索，有人观察老师的反应拿不准是否又上当）

（终于，还是学生 3：c 不一定是斜边，它是斜边时，就是 5，它不是斜边时，b 就应该是斜边，那样的话，c 的平方就应该等于 7）

师： 请为学生 3 鼓掌！

问题(3)：Rt△ABC 中，已知 $\angle C=90°, a=3, b=4$，则 c 等于多少？

生（异口同声）： 5。

师： 通过这几个小问题，我们应能更深刻地体会到勾股定理揭示的是直角三角形三边之间的数量关系,我们要学会将数与形密切联系起来思考,锤炼思维的缜密性。

◆ 案例反思 ◆

本阶段为在猜想、验证勾股定理之后的学以致用阶段。此时课堂教学已进行了一定时间,学生的思维基本处于平淡、顺从状态,此时在思维定势、知识易错处设计问题,故布疑阵,创设阶段情境,可以有效激活学生思维,使得课堂节奏跌宕起伏,学生思维的严谨性、缜密性受到考验和训练,强化了教学效果。

典型案例2

训练学生思维的发散性——设计发散性思维问题

王彦廷老师在谈到学生思维培养时指出,发散性观察思维,就是在教学中引导学生在多样性的数量、数理关系中发现数量、数理演变的规律,达到举一反三、触类旁通的效果。比如,有些数学问题,教师可以对例题进行有目的、多角度的演变,调换命题的题设和结论,指导学生经过一题多变来观察和思考,在解题过程中开阔思路,寻求多种方法解决问题,使学生认识到"办法总比问题多"。这也是我们数学教育在学生全面素质教育中的一个重要命题,可以让学生体会到:可以在人生观、世界观方面同样具有教育的意义和优势。

例 已知一个多边形的每个内角都等于$135°$,求这个多边形的边数。

变式1 已知一个多边形的内角和是$1080°$,求这个多边形的边数。

变式2 已知一个多边形的边数是8,求这个多边形的内角和。

(以上两变式的解法都用原例同一关系式,解法略)

变式3 已知一个正多边形的一个外角是$45°$,求这个正多边形的内角和。

变式4 已知多边形的内角和与某一个外角的度数总和为$1180°$,求此多边形的边数。

◆ 专家点评 ◆

以上变式从不同角度调换例题的题设和结论,解法不尽相同,但是它们都依据了多边形内角和公式和外角和公式。这样的教学,为学生从不同角度去观察问题、思考问题,用不同方法解决问题提供了丰富的材料,使学生的知识在更广阔的领域内进行循环,观察的灵活性得以培养和训练,在突破学生定向性思维模式上具有一定的意义。

► 典型案例3 ◄

锻炼学生思维的深刻性
——对教材中一类最优方案设计型问题的改进

吕中琴老师在《浅谈初中数学教学中学生思维能力的培养》一文中指出:初中阶段教学应着重发展学生的逻辑思维,适度发展严谨性,扩展思维的深度,提倡从整体角度思考问题,使思维深刻性的发展和培养取得较为理想的效果。

思维的逻辑一般表现在思维过程中依据一定的逻辑关系、逻辑规律,对问题和现象进行观察、抽象、判断、推理,以更快更简捷地解决问题。在教学中,教师一方面通过例题讲解,穿插问题的逻辑关系和逻辑规律,另一方面鼓励学生多动手,对定理、公式自己推导,逐步掌握思维的逻辑规律,形成有步骤、有规律、有层次思维的良好模式。

初中学生由于受认知水平和心理特征等因素的限制,思维的严谨性水平一般都不高,经常丢三落四,思维混乱,忽视定理公式的成立条件而滥用定理公式。因此,思维的严谨性相当重要,主要的训练方法有:(1) 严格审查题目条件,看定理公式的条件范围是否满足;(2) 要学会用数学语言表达所思所想;(3) 在推理证明过程中,要做到每一步都有理有据。

七下教参中附录了这样一道问题:某工厂组织旅游活动。如果租用54座的客车若干辆,恰好坐满。如果租用72座的客车,则可少租2辆车,并且有1辆车剩余了一小半的座位。已知租用54座的客车每辆285元,租用72座的客车每辆360元。怎样租车合算?

原"答案与提示"如下：

设租用 54 座的客车 x 辆,则总人数是 $54x$,依题意有

$$36 < 54x - 72(x-3) < 72。$$

解得　　$8 < x < 10$,即 $x = 9$。

若租用 54 座的客车 9 辆的费用是 $285 \times 9 = 2\,565$(元),若租用 72 座的客车 7 辆的费用是 $360 \times 7 = 2\,520$(元)。因此,租用 72 座的客车合算。

笔者认为,原题中并无条件限制只准租用同一类型的客车,因而可考虑两种类型的客车混租的情形。

补解：由 $\frac{285}{54} = 5\frac{5}{18}$(元), $\frac{360}{72} = 5$(元)可知, 72 座客车坐满时人均分摊的费用比 54 座客车坐满时人均分摊的费用便宜,因而应尽可能地租用 72 座的客车。但问题在于若全部租用 72 座的客车,最后一辆车并未坐满,通过计算可知, $54 \times 9 - 72 \times 6 = 486 - 432 = 54$(人),即最后一辆车只有 54 人,显然,这 54 人若改租 54 座的客车会使费用更节省,即最合算的租车方案应为：租用 72 座的客车 6 辆,租用 54 座的客车 1 辆,总费用为 $360 \times 6 + 285 \times 1 = 2\,445$(元),确为最省。

与上述类似的情形在中考试题中也出现过。例如海南省中考试题中曾有这样一道实际问题：某服装厂生产一种西装和领带,西装每套定价 200 元,领带每条定价 40 元。厂方在开展促销活动期间,向客户提供两种优惠方案：(1) 买一套西装送一条领带；(2) 西装和领带均按定价的 90% 付款。某商店老板现要到该服装厂购买西装 20 套,领带 x ($x > 20$)条。请你根据 x 的不同情况,帮助商店老板选择最省钱的购买方案。

试卷所附答案(略解)为：

按方案(1)所付款：$200 \times 20 + 40(x-20) = 40x + 3\,200$(元),

按方案(2)所付款：$(200 \times 20 + 40x) \times 90\% = 36x + 3\,600$(元),

设 $y = (40x + 3\,200) - (36x + 3\,600) = 4x - 400$。

当 $y < 0$,即 $20 < x < 100$ 时,选方案(1)省钱；当 $y = 0$,即 $x = 100$

时，两种方案价钱相同；当 $y>0$，即 $x>100$ 时，选方案(2)省钱。

笔者认为，该题中并未限制每位客户只准购买一次，因而商店老板也可以分多次购买。而实质上由于方案(1)中购买一套西装并获赠一条领带花费 200 元，方案(2)中购买一套西装和一条领带花费 $(200+40)\times 90\% = 216$(元)，因此应充分享受第一种优惠，其余领带再享受第二种优惠，即第一次按方案(1)购买 20 套西装，获赠 20 条领带，第二次再按方案(2)购买 $(x-20)$ 条领带，享受九折优惠。

原题改解：

当全部按方案(1)购买时，设所付款为 y_1 元，则

$$y_1 = 200\times 20 + 40(x-20) = 40x + 3\,200；$$

当全部按方案(2)购买时，设所付款为 y_2 元，则

$$y_2 = (200\times 20 + 40x)\times 90\% = 36x + 3\,600；$$

当第一次按方案(1)购买 20 套西装，获赠 20 条领带，第二次再按方案(2)购买 $(x-20)$ 条领带，享受九折优惠时，设所付款为 y_3 元，则

$$y_3 = 200\times 20 + 40(x-20)\times 90\% = 36x + 3\,280。$$

∵ $36x + 3280 < 36x + 3\,600$，∴ y_3 一定小于 y_2，

∵ $x>20$，∴ $200\times 20 + 40(x-20)\times 90\% < 200\times 20 + 40(x-20)$，

即 y_3 也一定小于 y_1。因此分两次购买是最省钱的。

(答略)

♦ **专家点评** ♦

思维的逻辑性、思维的严谨性是相互影响和相互联系的。在教学过程中，要适度进行综合与渗透，不断提高学生对问题现象的归纳、概括和抽象能力。如在平面和立体几何中，应该通过训练使学生的解题思路清晰、语言规范、阐述完整，还应该让学生从多角度思考问题，找到最简单的解题方法，逐渐使学生的思维趋于严谨、深刻。

由上述两例我们可看出，在处理某些实际问题时，一定要展开思维，从多角度考虑，全面地考察各种可能的情形，从而做到不重不漏，寻找到最佳方案。

细节 9
注重数学思想和方法的渗透

▶ 细节阐述 ◀

数学思想是人们对数学知识、数学理论的本质的一种认识,是在对一定数量的数学内容和在一定程度上对数学的认识进行提炼上升的数学观点,它往往带有普遍意义下的指导作用,能在认识活动中反复被运用,是利用数学解决问题的指导性思想。而数学方法可以认为是数学思想的具体化形式,是数学地提出、解决问题时所需采用的各类途径、手段、方式等,两者在本质上是相通的,只是看问题的角度有所不同,通常二者可以混合称为"数学思想方法",而中学阶段常用的几类数学思想有:数形结合思想、分类讨论思想、函数与方程思想、转化与化归思想等。

例如,为了向学生介绍分类讨论,教者给出这样的问题。

师:当我们准备清点一大堆杂乱的人民币时,我们一般会怎么做?

生:一般先按 100 元、50 元、20 元、10 元、5 元等不同面值把人民币整理分成一叠一叠的,再分别数出各叠钱数,最后把各叠钱数相加得出总值。

师:大家觉得这样做,相比于随意一张张地数的方法有什么不同的感受?

生:这样做肯定要快而且准确得多。

师:是啊,这是一种生活的智慧,也是我们数学中的一种重要的思想方法——分类讨论。

……

再比如说，我们有时应引导学生学会退到最简单的情形，有这样一个游戏：两人相继轮流往长方形桌面上放同样大小的硬币。硬币一定要平放在桌面上，后放的硬币不能压在先放的硬币上。这样继续下去，最后桌面上只剩下一个位置时，谁放下最后一枚，谁就是胜利者。谁胜谁负，似乎全靠碰运气。其实，取胜的规律是确实存在的。我们设想，如果这桌子小到只能放下一枚硬币，那么第一个放的当然会获胜。然后设想桌子变大，由于长方形是中心对称图形，先放者将第一枚硬币放在桌面的对称中心上，继而每次都把硬币放在后放者所放硬币位置的对称位置上。这样继续下去，桌面上只剩下一个位置时，必然轮到先放者放最后一枚硬币。

就解题思路来说，有时退比进显得更为重要。华罗庚先生说过，解题时先足够地退，退到我们最易看清问题的地方，认透了，钻深了，然后再上去。他认为，善于退，足够地退，退到原始而不失去重要性的地方，这是学好数学的一个诀窍。在遇到一个困难的问题难以下手时，我们常常采用退的方法。这种"退"，往往使我们获得材料上和方法上的帮助。退是为了进，这种策略我们形象地称之为"先退下而后跃上"。我们可从一般退到特殊，从复杂退到简单，从抽象退到具体，从整体退到部分，从较强的结论退到较弱的结论，从高维退到低维，退到保持特征的最简单的情形。先解决简单的情形，先处理特殊的对象，再归纳，联想，发现一般性。取值、极端、特殊化、由试验而归纳等都是以退求进策略的具体表现。

这说明数学思想往往蕴含在数学知识的发生、发展、应用等过程中，是相关数学知识方法在更高层次意义上的抽象与概括，譬如分类、抽象、演绎、归纳等。学生通过独立思考、合作交流，可以在积极参与数学学习的活动中逐步感悟内化数学思想方法。

❧·典型案例1·❧

学会分类讨论——运动截图法在几何动点问题中的应用

"分类"是生产生活中普遍存在着的，分类讨论思想是自然科学领域乃至社会科学领域研究中的基本逻辑方法，更是研究数学问题的重要思想方法,始终贯穿于整个数学教学中。初中数学从整体上看可分代数、几何两大类,而后采用不同的方法进行研究,这就是分类思想的体现,而从具体内容上看,实数的分类、三角形的分类、方程的分类等等,在教学中就需要启发学生按照不同的情形去对同一对象予以分类,特别是要帮助他们掌握好分类的方法原则,形成分类的意识。例如在初一"有理数的加法"教学中,引导学生观察、思考,将有理数的加法按照加数的类别分为三类进行研究,从而正确归纳出有理数的加法法则,这样的过程使学生不仅掌握了具体的"法则",而且能对"分类"形成深刻的认识,那么在遇到较为复杂的情况下,利用形成的分类的思想方法,合理地确定标准,不重不漏地进行分类,从而看问题更加全面。

例 (烟台市中考题改编)如图1,在直角坐标系中,梯形 $ABCD$ 的底边 AB 在 x 轴上,底边 CD 的端点 D 在 y 轴上。点 A、D 的坐标分别为 $(-4,0)$,$(0,4)$,点 B、C 的坐标分别为 $(4,0)$,$(1,4)$。动点 P 自 A 点出发,在 AB 上匀速运行,动点 Q 自点 B 出发,在折线 BCD

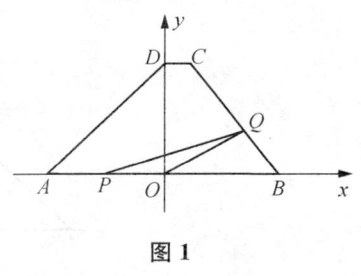

图1

上匀速运行,速度均为每秒1个单位长度。两个动点同时出发,当其中一个动点到达终点时,它们同时停止运动。设点 P 运动 t(秒)时,$\triangle OPQ$ 的面积为 S(不能构成 $\triangle OPQ$ 的动点除外)。求 S 随 t 变化的函数关系式。

此类动点问题一直是中考中的热点题型,而考生对此类题型经常捉摸不透的是究竟该如何分类。我们建议使用运动截图法,即模仿电脑屏幕上的视频截图方法,记录各个有代表性的画面瞬间。具体操作流程如下:考察各动点的运动轨迹,看各自可以分为几个不同阶段,包括出现折线、速度发生改变、涉及垂直或平行等特殊位置关系、需要形成某类特殊图形以及题目中特别约定的情形等。

在本例中,两个动点的运动轨迹应结合起来考察,首先应注意到题目中的约定情形:不能构成 $\triangle OPQ$ 的动点除外,即 t 的总体取值范围

是 $0<t\leqslant 6$ 且 $t\neq 4$。点 P 先在线段 AO 上运动，此时点 Q 在线段 BC 上运动，对应 t 的取值范围是 $0<t<4$，运动截图如图 2；当点 P 到达线段 OB 上时，点 Q 仍在线段 BC 上运动一段时间，直到越过 C 点，对应 t 的取值范围是 $4<t\leqslant 5$，运动截图如图 3；点 P 继续在线段 OB 上运动，点 Q 在线段 CD 上运动，直至到达 D 点，整个运动过程结束，对应 t 的取值范围是 $5<t\leqslant 6$，运动截图如图 4。

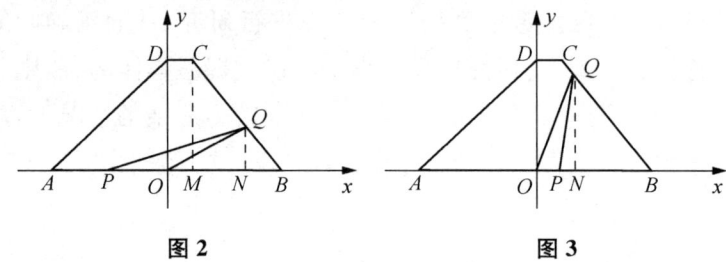

图 2　　　　　　　　　　图 3

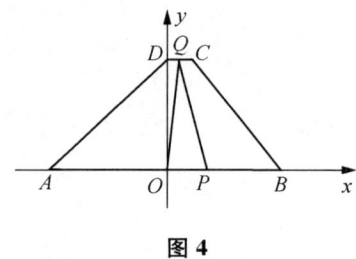

图 4

♦ 案例反思 ♦

分类讨论是一种极其常见而重要的数学思想，在数学学习的过程中会经常碰到有关分类的问题，如数的分类、代数式的分类、函数的分类、图形的分类等。通过分类讨论解决问题，其实就是对事物共性的抽象过程，应促使学生理清如下几个问题：(1) 为什么要分类；(2) 如何分类；(3) 依据什么确定分类的标准；(4) 在分类的过程中如何理解对象的性质，以及如何甄别不同对象之间的不同性质。

正确运用分类讨论思想，是完整解题的关键要素之一。在很多考查中，命题者经常利用分类讨论题来加大试卷的区分度，很多压轴题也都涉及分类讨论。之所以分类讨论有关问题在中考试题中占有重要位置，原因有四：其一，具有明显的逻辑特点；其二，一般都覆盖知识点较多，有利于对学生知识面的考查；其三，需要学生有一定的分析能力和分类技巧，有利于对学生能力的考查；其四，与生产实践和初等数学都紧密相关。

要使学生逐步体悟到分类讨论的基本要义，既要讲究准确，又要尽可能地对问题做出全面的解答，使解答没有纰漏。在解题时，根据已知条件和题意的要求，针对不同的形状、不同的位置关系等作出符合题意的图形，再予以求解，最后做出结论。

►•典型案例2•◄

学会转化——教学"多边形的内角和"

数学问题的解决过程究其实质就是一系列转化的过程，初中数学处处都体现出转化与化归的思想，如化繁就简、化难为易、化未知为已知等，这是解决问题的一种最基本的思想。

在初中数学具体内容的转化上，有加减法的转化、乘除法的转化、乘方与开方的转化、添辅助线、设辅助元等等，都是实现转化的具体手段。因此，在教学中要让学生认识到很多常用的数学方法的实质就是转化，从而确信转化是可能的，也是必需的，其次还要结合具体教学内容进行有意识的转化训练，使学生牢牢掌握这一具有重大价值的思想方法。

比如在"三角形的内角和"的学习中，学生在小学阶段已经学习过用拼图的方法知晓了三角形的三个内角的和等于180°，而七年级学生在学习了平行线的性质与判定等有关知识，并初步感受了几何推理的结构后，又如何来说明三角形的三个内角的和等于180°呢？显然，可以转化为我们所熟悉的平角是180°，或两直线平行同旁内角互补等知识来解决，由此学生很快就通过自己的动手实验得出了相应的多种方法，最后通过总结、分析、提炼，使"从未知转化为已知"这一思想清晰地呈现在学生面前，让学生切实领悟到化归思想是一个多么有效的法宝。

胡一红老师在教学多边形的内角和时，设置了这样的探究转化环节。

师：大家都知道三角形的内角和是180°，那么四边形的内角和，大家知道吗？

(活动一：探究四边形的内角和。

在独立探索的基础上，学生分组交流与研讨，并汇总解决问题的方法)

方法1：用量角器量出四个角的度数，然后把四个角加起来，发现内角和是360°。

方法2：把两个三角形纸板拼在一起构成四边形，发现两个三角形内角和相加是360°。

接下来，教师在方法2的基础上引导学生利用作辅助线的方法，连接四边形的对角线，把一个四边形转化成两个三角形。

师：大家知道五边形的内角和吗？六边形呢？十边形呢？你是怎样得到的？

(活动二：探究五边形、六边形、十边形的内角和。

学生先独立思考每个问题再分组讨论。

关注：(1) 学生能否用类比四边形的方式解决问题得出正确的结论。

(2) 学生能否采用不同的方法。)

学生分组讨论后进行交流(五边形的内角和)。

方法1：把五边形分成三个三角形，3个180°的和是540°。

方法2：从五边形内部一点出发，把五边形分成五个三角形，然后用5个180°的和减去一个周角360°，结果得540°。

方法3：从五边形一边上任意一点出发把五边形分成四个三角形，然后用4个180°的和减去一个平角180°，结果得540°。

方法4：把五边形分成一个三角形和一个四边形，然后用180°加上360°，结果得540°。

交流后，师生运用"几何画板"演示并验证得到的方法。

得到五边形的内角和之后，同学们又认真地讨论起六边形、十边形的内角和。类比四边形、五边形的讨论方法最终得出，六边形的内角和是720°，十边形的内角和是1 440°。

师:通过前面的讨论,你能知道多边形的内角和吗?

(活动三:探究任意多边形的内角和公式。

思考:(1) 多边形内角和与三角形内角和的关系?

(2) 多边形的边数与内角和的关系?

(3) 从多边形一个顶点引的对角线分三角形的个数与多边形边数的关系?)

学生结合思考题进行讨论,并把讨论后的结果进行交流。

发现1:四边形的内角和是2个180°的和,五边形的内角和是3个180°的和,六边形的内角和是4个180°的和,十边形的内角和是8个180°的和。

发现2:多边形的边数增加1,内角和增加180°。

发现3:一个n边形从一个顶点引出的对角线分三角形的个数与边数n存在$(n-2)$的关系。

得出结论:多边形内角和公式:$(n-2) \cdot 180°$。

◆ 专家点评 ◆

1. 教的转变

本节课教师的角色从知识的传授者转变为学生学习的组织者、引导者、合作者与共同研究者,在引导学生画图、测量发现结论后,利用几何画板直观地展示,激发学生自觉探究数学问题,体验发现的乐趣。

2. 学的转变

学生的角色从学会转变为会学。本节课学生不是停留在学会课本知识层面,而是站在研究者的角度深入其境。

3. 课堂氛围的转变

整节课以"流畅、开放、合作、'隐'导"为基本特征,教师对学生的思维减少干预,教学过程呈现一种比较流畅的特征。整节课学生与学生,学生与教师之间以"对话"、"讨论"为出发点,以互助合作为手段,以解决问题为目的,让学生在一个比较宽松的环境中自主选择获得成功的方向,判断发现的价值。

➤·典型案例 3·◄

学会建立函数模型——二次函数与一元二次方程的延伸

辩证唯物主义认为,世界上的一切事物都是处在运动、变化和发展的过程中,这就要求我们在教学中要特别重视函数的思想方法的教学。虽然初中函数知识一般安排在八下之后,但函数思想早已经渗透到初中教材的各章内容之中。因此,教学上要有目的、有意识、有计划地培养建立函数模型的方法。例如在七上进行求代数式的值的教学时,通过范例强调解题的第一步"当……时"的依据,渗透的就是函数的思想方法,即其中一个字母变量每取定一个值,代数式就有唯一确定的值与其对应。通过引导学生对相关问题的讨论,将静态的知识模式逐渐演变为动态的讨论,这种探讨实际上就赋予了函数的形式,在学生的头脑中初步形成了以运动的观点去领会,这也是发展函数思想的重要途径。

毕建永老师在教学二次函数与一元二次方程时,设置了这样几个例题强化了学生对函数思想的理解。

"二次函数与一元二次方程"主要讲了两个方面问题:一是用方程的方法研究二次函数图象与 x 轴交点个数以及交点求法问题;二是用图象的方法求方程的近似根问题。其实,这两个问题本质是一样的,就是用数形结合的方法解决问题。为了训练学生领会并运用数形结合的思想方法解决问题,毕老师在完成课本内容之后,又着重安排了三个训练学生数形结合思想的题型,通过训练使学生进一步理解函数的思想,掌握运用的方法。

例1 当 x 为何值时,不等式 $x^2+5x-6>0$ 成立?

先让学生自己解,多数学生试图类比解方程的方法去解不等式,得出错误结果。

引导学生分析错误原因之后,提示学生,这个问题与我们正在学习的二次函数有什么联系?能否借助函数图象解决这个问题?

仅这一句话,就让学生恍然大悟。

教师点评:此题最好的方法是利用二次函数图象解决,先求出抛物线 $y=x^2+5x-6$ 与 x 轴的两个交点,画出抛物线草图,很容易在图象上观察出当 $x<-6$ 或 $x>1$ 时不等式成立。

例2 已知二次函数 $y=x^2+2mx+m-7$ 与 x 轴的两个交点在点 $(1,0)$ 两侧,判断关于 x 的方程 $\frac{1}{4}x^2+(m+1)x+m^2+5=0$ 的根的情况。

此题有一定的难度,学生能想到解决此题的关键是由 $y=x^2+2mx+m-7$ 判断 m 的范围,但是怎样求 m 的范围成了难点。个别学生想到利用根与系数的关系,因为与 x 轴的两个交点在点 $(1,0)$ 两侧,所以一个根大于1,一个根小于1,由此得知 m 必须满足不等式 $(x_1-1)\cdot(x_2-1)<0$。由此解不等式可求 m 的范围,虽说能求,但是确实不易想到,并且还要用到许多方程的知识。

教师提示:利用数形结合的方法,根据已知条件画出抛物线 $y=x^2+2mx+m-7$ 的草图,再结合图象去观察,你能有什么发现呢?

学生结合图象发现,$y=x^2+2mx+m-7$ 的开口向上,两个交点在点 $(1,0)$ 两侧,说明 $x=1$ 时 $y<0$,即 $1+2m+m-7<0$,则 $m<2$。那么,关于 x 的一元二次方程的判别式:$\Delta=(m+1)^2-(m^2+5)=2(m-2)<0$,方程无实根。

简便的方法使学生对函数的思想更感兴趣。毕老师又给出第三题。

例3 判断方程 $-x^2+5x-2=\frac{2}{x}$ 的正根的个数。

这时,那些思维快的同学很快得出结论:如果按一般的方法去分母,将会出现一元三次方程,解起来非常困难,如果运用函数的思想,把它们看作是求二次函数图象与反比例函数图象的交点问题,利用函数图象解就非常轻松了。

由左边的二次函数 $y=-x^2+5x-2$,可知顶点在第一象限,右边看作反比例函数 $y=\frac{2}{x}$,图象也在第一、三象限,并且两个图象在第一象限有两个交点,所以方程有两个正根。

♦ **专家点评** ♦

在数学教学中,解题可以说是最基本的学习活动之一。数学习题的解答过程,也是学生数学思想方法的获得过程及应用过程。任何一个问题,从提出到解决,其中需要一些具体的数学知识,但更需要的是数学思想方法。所以,学生做练习,不仅能巩固、深化已经掌握的数学知识,而且能从中体验到更"新"的数学思想方法。解题应该要"一慢一快","慢"是指审题,制定解题方略要慢,"快"是指解题动作要快。当一个学生在练习中遇到难题时,其实往往是新的思想和方法还没有形成,因而教者在启发时应刻意使用数学思想和方法去做提示,帮助学生在练习中用心去体验。利用数形结合研究函数问题是初中数学的一个重要方法,通过一定的训练使学生领会其中的思想并能根据问题的特点灵活、巧妙地运用,对提高学生综合能力非常有益。

诚然,要使学生真正具备个性化的数学思想方法,并不是仅仅通过几堂课就能达到,但只要我们在教学中持之以恒,大胆实践,寓数学思想方法于平时的教学中,学生对于数学思想方法的认识也就一定会日趋成熟。

细节 10
注重数学活动经验的获取

> **细节阐述**

作为义务教育数学课程体系中的一个重要组成领域,数学活动主要是让学生通过亲身实践,试图获取一种"直接经验",而非仅仅是间接经验。数学活动强调"做中学",让学生在亲身动手做的过程中获得经验,切实感受知识的产生、发展的全过程。其基本课型包括:数学实验、数学调查、数学测量、数学小制作、数学小论文、数学竞赛、专题讲座等。

提高学生数学素养的重要标志之一即是数学活动经验的积累,因此帮助学生积累一定程度的活动经验是数学学习的重要目标。数学课堂中注重结合现实而具体的学习内容,使学生经历数学知识的发生发展过程,是提升学生积累活动经验效率的重要途径。

"综合与实践问题"是积累数学活动经验的重要载体。义务教育阶段数学课程的设计,充分考虑本阶段学生数学学习的特点,符合学生的认知规律和心理特征,有利于激发学生的学习兴趣,引发数学思考;充分考虑数学本身的特点,体现数学的实质;在呈现作为知识与技能的数学结果的同时,重视学生已有的经验,使学生体验从实际背景中抽象出数学问题、构建数学模型、寻求结果、解决问题的过程。

在经历具体的"综合与实践"问题的过程中,引导学生体验如何发现问题,如何选择适合自己完成的问题,如何把实际问题变成数学问题,如何设计解决问题的方案,如何选择合作的伙伴,如何有效地呈现实践的成果,让别人体会自己成果的价值。通过这样的教学活动,学生例如，对于 $b>a>0, m>0$，要求证 $\frac{a}{b}<\frac{a+m}{b+m}$。一般可用作差法求得左边分式减去右边分式差为负数证明，换个角度看，这个不等式的证明可以看成是一个生活实例，即某种糖水的浓度是 $\frac{a}{b}$，现又加入 m 克糖，浓度变为 $\frac{a+m}{b+m}$，显然，糖水会变得更甜，符合不等式的特征。当然，还可由此举出相关的实例。真是"众里寻他千百度，蓦然回首，那人却在灯火阑珊处"，看来一些抽象的数学问题，竟是如此巧妙地存在于我们的生活中。

而在具体学习过程中，特别是在有关几何问题的学习中，鼓励学生从事观察、测量、折叠、平移、旋转、推理证明等活动，帮助学生有意识地积累活动经验，获得成功的体验。教学中应鼓励学生动手、动口、动脑和交流，充分展示"观察、操作—猜想、探索—说理（有条理地表达）"的过程，使学生能在直观的基础上学习说理，体现合情推理和演绎推理的融合，促进学生形成科学地、能动地认识世界的良好品质。

◢·典型案例 1·◣

体验新知生成过程——利用自制教具研究梯形中位线性质

（1）教学准备：在木质黑板上先画出 $\triangle ABC$，然后在点 A、B、C 三处各自钉上小钉，将一根橡皮筋首尾缝合，套在黑板上三个小钉处（如图 1），图中用虚线表示橡皮筋，与 $\triangle ABC$ 重合，能自由伸缩拉动。

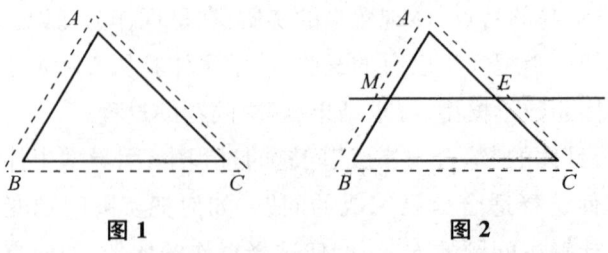

图 1　　　　　图 2

（2）分别取 AB、AC 的中点 M、E（如图 2），连接 ME。问题：线段

ME 与 BC 有何位置关系？（$ME/\!/BC$）有何数量关系？（$ME=\dfrac{1}{2}BC$）

(3) 从 A 点处拉动橡皮筋，不妨沿与 BC 平行的方向向右拉（如图 3），直到橡皮筋到达 D 点（在 D 点处可预先钉一个小钉）。问题：若此时 DC 不与 AB 平行，则四边形 $ABCD$ 是什么形状？（梯形）

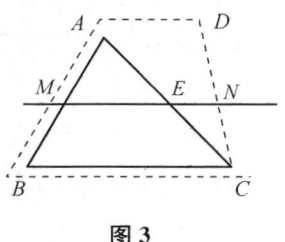

图 3

假设 DC 与直线 ME 交于一点 N，则 N 在 DC 的什么位置？指出梯形中位线的定义，它与梯形上下底的位置关系怎样？（平行）

(4) 探索性问题：梯形中位线 MN 与两底数量上有什么关系？此时大家猜想、证明、讨论，生生互动，课堂气氛也很快活跃起来，学生由 $ME=\dfrac{1}{2}BC$，$EN=\dfrac{1}{2}AD$，得出 $MN=\dfrac{1}{2}(AD+BC)$。至此，大家相互补充回答出梯形中位线的有关性质。

◆ 案例反思 ◆

笔者发现橡皮筋之类的工具在几何学习中的使用特别灵活，经常起到化抽象为直观的效果，而且往往它比计算机多媒体演示更具体形象，功能上更符合学生感官认知特点，也更能为学生所接受。在本课情境中，笔者以橡皮筋为辅助工具，表现出图形的运动变化，让学生通过观察、实验、推理等活动主动参与进来，逐步揭示出梯形中位线定理的题设和结论，亲切而又自然。从联系的观点看，这样的情境设计在展现梯形中位线与三角形中位线的区别和联系上可谓独具特色。

▶•典型案例 2•◀

获取直接经验——每周干家务活的时间

师：现在我们想知道全班同学暑假每周干家务活的平均时间，该如何去办呢？

生：将全班每个同学每周干家务活的时间都统计出来，得到一组数据,求这组数据的平均数,就是全班同学每周干家务活的平均时间。

师:老师这里有预先准备好的统计表,请两位同学上来协助完成这项工作,同时请各小组的同学每人都计算一下本小组成员每周干家务活的平均时间。

两位学生将统计表发给各小组,填好后,由各小组长收回,然后借助多媒体很快算出全班同学每周干家务活的平均时间。

……

(介绍普查)

师:在上述过程中,我们为了了解全班同学每周参与家务活的时间,对全部同学进行了调查,这种为了一定的目的而对考察对象进行的全面调查,称为普查。其中所要考察对象的全体称为总体,而组成总体的每一个考察对象称为个体。

按照这样的定义,我们刚才的调查显然属于普查,那么总体是什么?个体又是什么?

生:总体就是全班所有同学每周参与家务活的时间,个体就是本班每一个同学每周参与家务活的时间,强调不是考察同学本身。

♦ 案例反思 ♦

在统计教学中,创设一定的情境,设计有效的统计环节,让学生经历相对完整的统计过程,从收集数据到整理数据,再到分析数据和从数据中提取信息,并借助这些信息做出判断、辨别、决策等。学生经常能置于这样的学习过程中,将会日积月累,不断增加统计活动经验,真正加深理解统计思想与方法。

典型案例3

实际问题引领
——"变量与函数"中引导探究具体问题中的数量关系

问题1:某影院每张电影票的售价为10元,设一场电影售出 x 张票,票房收入为 y 元,怎样用含 x 的式子表示 y?

师:请大家默读题目并思考。

生1：$y=10x$。

师：这一问题中涉及哪几个量？

生2：有票数 x 张，票房收入 y 元，还有票价 10 元/张。

（教师板书：票数 x，收入 y，票价 10 元/张）

问题2：在一根弹簧的下端悬挂重物，如果弹簧原长 10 cm，每 1 kg 重物使弹簧伸长 0.5 cm，设重物质量为 m kg，受力后的弹簧长度为 l cm，填写下表，并用含 m 的式子表示 l。

m(kg)	0	1	2	3	4	5	…
l(cm)							

师：谁先来帮我们完成填表？

生3：l 的大小分别为 10，10.5，11，11.5，12，12.5，…

师：丝毫不差。那如何用含 m 的式子表示 l？

生4：$l=10+0.5m$。

师：这一问题中又涉及哪几个量？

生5：弹簧原长 10 cm，受力后的弹簧长度为 l cm。

生6：我认为还有重物质量 m kg，每 1 kg 重物使弹簧的增长为 0.5 cm。

（教师板书：质量 m，总长 l，原长 10 cm，每 1 kg 增长量 0.5 cm）

问题3：下图是某地一天的气温变化图象，任意给出这天中的某一时刻 t，你能说出这一时刻的气温 T 吗？

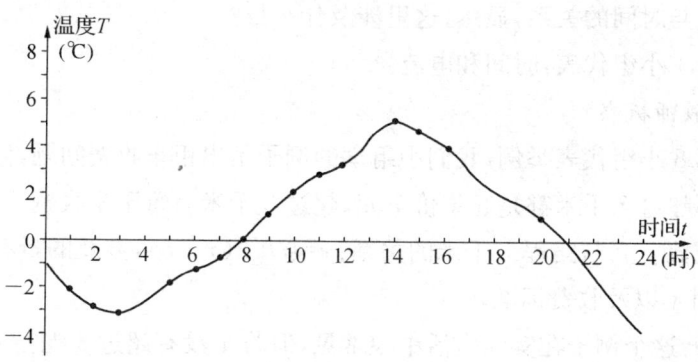

师:我们根据图示,分别来说说2时30分、9时、14时、24时相应的气温。

生7:−3℃、1.8℃、5℃、−3℃。

师:这一问题中涉及哪几个量?

生(近乎齐声):时间和温度。

(教师板书:时间t,温度T)

师:刚才是老师给出的三个生活中的实例,大家能举出生活中类似的例子吗?(可以小组讨论)

(学生按原先分好的小组讨论,3分钟左右)

师:现在请部分小组各派出一位代表说说你们小组推荐的类似实例。

第5小组代表举例:我从家骑自行车到学校,假定每分钟120米,所走的路程s米与时间t分钟的关系:$s=120t$。

师:那在这一问题中涉及哪些量?

第5小组代表:时间t,路程s,速度120米/分。(教师板书)

第3小组代表举例:我们到学校小超市购买橡皮,每块2元,所付钱数y元与所买块数x之间的关系:$y=2x$。涉及块数x、钱数y,以及单价2元/块。(教师板书)

第1小组代表举例:一位老爷爷到医院检查身体,做心电图,打印出来的曲线与时间的关系。

师:嗯,你真是个有心人,打印出来的曲线记录的是通过心脏的生物电流与时间的关系,显然,这里涉及什么量?

第1小组代表:时间和电流。

(教师板书)

第8小组代表举例:我们小组举的例子是出租车收费问题,假如出租车不超过3千米都是起步价7元,超过3千米后每千米收费2元,则所付钱数y元与路程x千米的关系:$y=7+2(x-3)$,涉及的量有路程x、费用y以及收费标准。

师:这个例子在实际生活中很常见,但若x没有超过3呢?

第8小组代表:那就收7元。

师：这说明刚才所列式子是不是要补充一下，即
$y=\begin{cases} 7, 0<x\leqslant 3; \\ 7+2(x-3), x>3. \end{cases}$ （边补充边板书）

师：集思广益，我们列举了这么多的实例，限于时间，还有几个小组我们课后再交流。

◆ 案例反思 ◆

在本环节中，设置了三个问题情景，目的是让学生在现实情景中初步感知变量和函数的存在及意义，体会各种量之间的互相依存关系和变化规律。此外还有意识地涉及了三种不同的表现方式（数学表达式、表格、图象）来表述三个问题，目的是想给学生初步呈现函数的三种常用形式。

让学生在教师所举实例基础上通过思考、讨论、交流，举一反三，列举出生活中类似的例子，使学生经历从具体到抽象再到具体的认识过程，增强了对问题的感性认识和理性理解，为建立常量、变量的概念做好铺垫。

细节 11

善于重组教材

> **细节阐述**

《义务教育数学课程标准(2011版)》指出,"数学教学应从学生实际出发……要创造性地使用教材,积极开发、利用各种教学资源,为学生提供丰富多彩的学习素材"。所以对于数学教师来说,课堂教学不是简单地"教教材",而应该是如何更好地"用教材",因而创造性地使用教材尤为必要。

新一轮基础教育改革用课程标准取代了教学大纲,其实质就隐含着教师应该要"用教材"而非"教教材"。"教教材",也就是意指教材就是样本,只能照搬,教师、学生都是教材的工具。而"用教材"即意味着教材是一种工具,教师可以编辑,可以取舍,从而自主地驾驭教材,在教师和教材二者之间,教师应该处于主体地位。新的数学课程理念强调了设置数学课程的基本目的,即不再只是让学生掌握一定数量的数学基础知识、技能和方法,而是有着更为宽泛的内涵:让学生了解数学,亲近数学,学会"用数学的眼光去认识自己所生活的环境与社会",从而学会"做数学"和从事"数学地思考",进一步发展学生的创新意识和实践能力。现行初中数学教材在编排体系上已有一套较为完备的结构,但教材内容的选择仍有较大的局限性,经常为追求逻辑严谨和体系形式化,远离学生的真实世界,也缺少活动和探索的层次及空间,因而对学生很难具有吸引力和亲和力。因此,应尽力改变现行教材的知识呈现方式,把只适合教师讲解的教材内容演变为适合学生实践操作和探讨研究的素材,强调自主学习、合作学习和踊跃展示。

教材的实质是在课程标准的指导框架下编写的"范例",既然是范例,我们教者就不能囿于教材而只会"教教材",而应突破教材"用教材教",即应善于重组教材。教材的优势是标准、规范,其不足之处是固定、僵化、灵巧性不够,教师首先就要钻研教材、理解教材的编写意图,再结合学生的客观实际,发挥师生的创造性,对教材进行灵活处理。教者必须摒弃狭隘的教材观,决不能照本宣科,教死书,要有大的教学观和宽泛的教育视野,以适应现实的教学需求,着眼于学生的全面、长远发展。我们可对很多教材内容进行选择与重组,在教学中引导学生寻找生活中适当的数学问题,积累数学知识,通过数学实践培养学生学习的兴趣,感受到我们生活里处处都有数学,学生就会产生一种亲切感,激发学生学习的兴趣。

➤·典型案例 1·◄

教材内容"校本化"——"锐角三角函数"中的测量

"锐角三角函数"一节中,教材在引入部分列举了很多带"倾斜角"的实例,如顺着山坡铺设水管、在斜坡上植树、测量海岛的高度等,这些实例可能对某些地区的学生比较贴近,但对很多学生来说却相对陌生,而笔者在处理这部分内容时,借助使用了绝大多数学生极其熟悉的一类事物——楼梯,取得了意想不到的效果。

在开设新课前一天,教者将学生分组,每组 4～6 人,为每组预先配备了皮尺、大三角板、大量角器等工具。新课伊始:

师:今天,我们的数学课堂的主战场不在教室内。

(学生一下子兴奋起来……)

生:出校门吗?很远吗?……

师:不,很近,出教室门,左转,拐角处就到了。

生:那儿有什么呀?

师:有我们无数次经过,承载我们"人生起伏"的神奇事物——楼梯,今天我们就让大家以学习小组为单位,每小组负责一层楼梯,考察该层楼梯的如下项目(详见活动单)。

"锐角三角函数"活动单

班级_____ 组别_____ 小组成员_____ 时间_____

活动1 测量楼梯(楼梯位置_____)

斜坡长度		竖直高度	
水平宽度		斜坡与水平面的夹角(倾斜角)	
竖直高度与斜坡长度的比		水平宽度与斜坡长度的比	
竖直高度与水平宽度的比		楼梯台阶的情况	
楼梯简易示意图			
与其他小组情况的比较			
你的发现			
小组的意见			

活动2 ……

♦ **案例反思** ♦

许多版本教材的使用范围都是全国范围内的很多地区,而事实上每个地区、每所学校的客观情况又不尽相同,甚至差别很大,这就要求教师绝不能仅仅充当教材"复印机",而应依据本地、本校实际,在课标的大框架内灵活地使用教材,大手笔地对教材进行取舍、优化、重组,促进教材的本土化转变,以更好地贴近学生实际。

► 典型案例 2 ◄

教材内容"连贯化"——关联内容连贯化

在新课程理念的倡导下,初中数学教材的编排大量采用了"螺旋上升"的做法,将相关知识点分成几段,间或地按阶梯式进行学习,先学习一段,放下,转学其他领域内容,待一学期甚至一年后,再学习下一段相关内容。这样编排的一个不足之处即是给学生知识结构体系的建立带来了一定困难,因为从遗忘理论来看,前一阶段的学习内容经过几个月之后必然发生严重衰退,而且多个领域的内容交错学习易引起相互抑制从而相互干扰,这就给教师使用教材带来了难题和挑战。这也迫使教师必须熟悉整个初中数学教材体系,能够在宏观把握上关注到教材的前后关联性、连贯化。例如在研究一次函数时,必然要与前一阶段一元一次方程、一元一次不等式结合起来,让三个"一次"在学生头脑中形成关联,建立牢固的对应关系;而在数据的统计领域,从数据的收集、整理、描述、分析,到解决问题、统计思想,都应引领学生建立完整的逻辑结构,真正做到融会贯通、得心应手。再比如初中阶段平面图形中重点研究的是全等和相似,前者是后者的特殊情形。因而在学习相似图形时可在前面研究全等形的基础上,全面借鉴相关的基本套路进行探讨,主要应涉及相似图形的定义、性质、判定方法和应用等,研究的主要平台载体仍是三角形。当然,为了进一步培养学生推理论证能力,新的章节中对很多新结论予以了证明,思路也有了新的突破。

◆ 专家点评 ◆

为弥补教材在编排内容上连贯化的不足,教者应组织学生适时地复习学过的知识,比如在练习题的配备上,可以多选择代数与几何有一定综合性的题,对于代数新知识的讲授,可配备一些具有几何背景的问题,而学习几何的同时,又可穿插复习代数的相关内容,从而真正逐步培养学生解决问题的综合能力。

> ▶ 典型案例3 ◀

教材内容"整合化"——初中几何引入教学

教材内容的整合包含两层含义：一是不同版本教材之间的相互借鉴、补充；二是不同学科内容之间的相互融合、铺垫。以第一点为例，不少省区都有两种以上不同版本的初中数学教材在同时推广使用，而不同版本的教材都有着各自的编排体系和特色，尽管其学段目标最终相对统一，但学生在整个学段过程中所受的基本技能、思维方法的训练是存在一些差别的。其中有的教材注重学生的直观经验、强调知识间的联系，侧重数学思想方法的渗透，但可能逻辑证明介入得稍晚，且设置的部分动手操作环节难以在课堂实现；而有的教材侧重学生学会应用数学知识，注重解决实际问题等，如果教者能汲取不同版本教材的精华，根据学生的实际发展适当调整，一主多辅，将更有利于学生数学素养的提升。

传统的几何引入教学是从点、线、面、体这样的顺序建立几何体系，而现实生活中学生感知的世界却是从实际的立体图形开始的，这就启发我们，可从学生身边的事物入手，如高楼大厦、水体、桥梁、体育器材等，让学生先感受球体、柱体、锥体等，再进一步领会面、线、点，让学生真切觉察到几何就在我们身边，潜移默化地进入到几何的世界中。

◆ 专家点评 ◆

初一学生所处的年龄阶段，其数学思维能力正逐步由低层次向高层次发展，即由直观形象思维逐步过渡到抽象逻辑思维，这样的过渡需要一定的过程，所以作为几何引入教学应尽量让学生从直观中感受知识，从经验中列举知识，从活动中体验知识，从游戏中享受知识。

此外，教者还应善于将数学学科与其他自然学科及人文学科联系起来，从其他学科中汲取可以利用的资源来创设情境、拓展视野、加深理解等。

纵观而言，在遵循课程标准的要求下，教材的使用一定要考虑到学生发展的普适性与差异性，在保证达标要求的前提下，保留一定的弹性，满足不同层次学生的不同需求。例如：

（1）可以就同一问题情境设置开放性问题或不同层次的问题；

（2）给学生提供一定的阅读材料，以便学生可以选择性阅读，包括知识背景材料、知识应用材料、变式拓展材料等；

（3）适当增加一些选学内容，增加内容侧重于介绍数学史、数学发展现状、经典的数学概念、数学思想方法等；

（4）开展综合实践活动时，应因地制宜，所选课题应便于实际操作，能让所有学生都能参与，并通过解决问题的活动过程，获得个体体验和团队合作体验；

（5）引领学生接触现代数学知识，能借助计算器、计算机等工具，运用相关学习软件，尝试进行探索性的学习活动。

细节 12

理清课堂教学主线

> **细节阐述**

　　主线是指某个进程中占主导地位或统领事物发生发展的线索。教学主线是课堂教学中各个教学点连续互动、有效交融后建构起来的教学形态，是在课堂整体解读视点穿针引线下，教学点之间融通共生，建立生成的完整的意义链，也即教学活动中各种变量关系交互作用后生成的一条主要线索。

　　课堂各教学点具有一定的逻辑关系，因而教学主线不是孤立的，而是各个教学点在整体解读视点的融通后生成的，能够体现出课堂结构的清晰程度，其中，有明确的核心知识线，或清晰的能力发展线，抑或动态的意象生成线……教学主线是教者整节课或整个单元、章节谋篇布局的某种思路，是师生的言语和实践活动与一系列相关因素互动交融后所历经的一条轨迹。从性质上看，教学主线必然是一个有目的、有计划的师生之间、生生之间、师生与各类教学资源之间的多边对话的过程，富有综合性、实践性，决定着课堂教学活动的质态和方向。

　　初中数学教材体系具有两条基本线索：其中一条是数学知识，这是明线，而另一条是数学思想方法，这是蕴含在教材编排中的暗线。在数学教材中，从数学概念的引入、应用，到例习题的设计、解答，随处可见数学知识这条明线，也时刻能体会到数学思想方法这条暗线，因而在教学设计中，除了要设计好知识教学，更要注意挖掘其中隐藏的数学思想和方法，使其能成为贯穿教学设计的主线。

课堂教学主线是课堂教学的核心内容和本质要求,是课堂知识网络结构的主脉。教师只有在反复研读教材、反复研判学生最近发展区的基础上并借助较为高超的教学技艺才能理清把握课堂教学主线。

在平时教学中,不少教师的课堂教学过程显得较为凌乱而无序,缺乏贯穿课堂始终的教学主线,给人的感觉是教学的随意性很大,没有逻辑关联明确、层层递进并且能启发学生思维的问题引领,导致概念讲解不清楚,思维训练更是无从谈起,从而整节课效率低下。而造成这一现象的主要原因,主要在于部分教师对数学知识的发生过程、发展过程缺乏本质上的思考,对学生的数学认知过程缺乏理性的分析,往往自以为是、自说自话,待到课堂实际授课时又不注重学生的反馈信息,只图完成讲授任务,而不管效果如何。

一般而言,教师要做到理清课堂教学主线,应在领会数学知识本身、熟悉学生最近发展区的基础上构建课堂教学环节和教学线索,设置具有逻辑关联性的、逐步深入的问题链,从而有效把握课堂教学主线。

➤•典型案例 1•◄

基于方程的教学主线
——解一元一次方程(一):合并同类项与移项(第 1 课时)

一、全章知识框架图

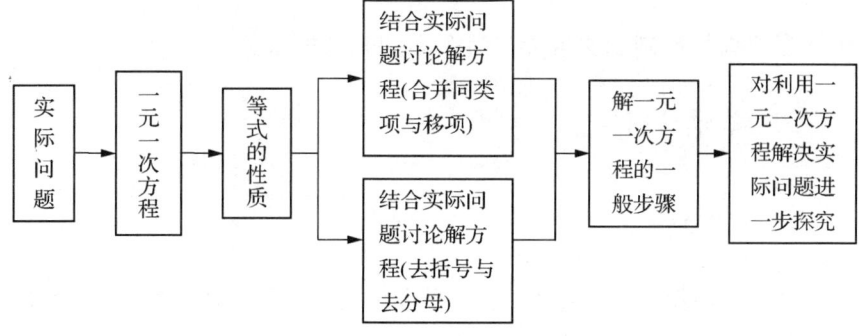

二、教材分析

方程属于《义务教育数学课程标准(2011年版)》(下称《标准》)课程内容中"数与代数"的范畴,作用是建立和培养学生符号意识、模型思想和应用能力。《标准》中方程安排在第二学段(4—6)年级和第三学段(7—9)年级。第二学段的要求是"能用方程表示简单情境中的等量关系,了解方程的作用;了解等式的性质,能用等式的性质解简单的方程"。第三学段的要求是"能根据具体问题中的数量关系列出方程,体会方程是刻画现实世界数量关系的有效模型;掌握等式的基本性质;能解一元一次方程……",后面还有二元一次方程组、一元二次方程的学习。由此可见,一元一次方程在方程内容的学习过程中具有承上启下的作用,是学习其他方程和方程组的基础。解一元一次方程的基本步骤包括去分母、去括号、移项、合并同类项、未知数前面的系数化为1,因此,合并同类项是解一元一次方程的基础。同时,本节课对于进一步培养学生分析问题和解决问题的能力,增强数学应用意识具有十分重要的作用。

从教材内容安排角度,教材首先从实际问题引入课题,探究得到合并同类项解一元一次方程的基本步骤,然后用合并同类项解2个具体的方程,最后还是用实际问题作为练习巩固,教材这样编写的意图就是要求本节课的教学重点不能满足于学生会用合并同类项法解方程,还要求学生能够根据具体问题中的数量关系,设未知数列方程,从而进一步体会方程是刻画现实世界数量关系的有效模型。

三、学情分析

1. 认知基础

在小学阶段,学生已经能够在具体情境中用字母表示数,并用方程表示简单情境中的等量关系,能够用等式的性质解简单的方程,到七年级,人教版教材的第1章是《有理数》,第2章是《整式的加减》,有理数的运算和整式的加减是解一元一次方程的知识准备。

2. 思维特征

解一元一次方程实际上就是逐渐把方程转化为 $x=a$ 的形式，是一个不断化归的过程，整体思想和转化思想是十分重要又难以掌握的数学思维，对学生的数学素养、学习能力要求较高，而七年级学生的思维方式正处于由直观形象思维为主向以抽象逻辑思维为主过渡的思维发展关键期。因此，在学习方式上，一方面，要不断提供自主探究的时间和空间，帮助学生自我发现合并同类项的本质，概括用合并同类项法解一元一次方程的基本步骤，同时，教学过程中，要适时借助媒体资源直观演示，并利用小组学习、合作交流的方式提高学习效率。

四、教学主线与辅线

本课主线：分析实际问题中的数量关系并用一元一次方程表示其中的相等关系。

本课辅线：讨论用"合并同类项"法解方程。

◆ 案例反思 ◆

基于对教学内容和学生学情的分析，本课采取了如下的教学策略。
策略1："先行组织者"教学策略。

在创设情境，引入新课这一环节，设计能够利用小学学习的方程知识列方程并用等式的性质解方程的实际问题，然后对引例做适当的变式，引入本课的学习，从而为本节课的学习提供了知识准备和研究素材，也为本课研究列方程解决实际问题提供研究的线索和路径方法。

策略2：加涅的建构主义策略。

建构主义理论认为，学生学习的过程是一个不断自主建构的过程。本节课一开始列出的实际问题方程只有一项含有未知数，变式以后方程有两个，三个项中含有未知数，从而引发认知冲突，产生学习内需，然后通过探究发现，运用乘法分配律可以解决这个问题，从而转化为第一种情形,这样,新的知识就附着在原来的认知网络上,认知结构得到扩充。

策略3:交流合作教学策略。

根据爱德加·戴尔的学习金字塔理论,小组学习、合作探究和踊跃展示从学习的性质上属于学生的主动学习,这些学习方式能够明显地提高所学知识的保留率。因此,在本课教学过程中,在寻找实际问题中的等量关系,以及在探究运用合并同类项的基本步骤过程中,在学生独立思考和自主探究的基础上,充分利用小组合作学习的方式,努力提高学生的学习效率。

►•典型案例2•◄

基于转化的教学主线——"勾股定理的简单应用"教学

这是笔者在江苏常熟市举办的一次省市合作初中数学骨干教师提高培训活动中开设的一节研讨课,课题为苏科版八上的"3.3 勾股定理的简单应用"。

一、教学目标明晰定位

1. 通过"找、构、证"直角三角形,经历运用勾股定理及其逆定理解决简单实际问题的过程;

2. 在运用勾股定理及其逆定理解决实际问题的过程中,感悟数学的方程思想、转化思想等,体会其文化价值,增强应用模型意识。

教学重点:能运用勾股定理及其逆定理解决一些简单的实际问题。

教学难点:通过构造和证明确定直角三角形,感受数学的转化思想。

二、教学进程流畅展开

1. 新课引入

老师昨天从南通来到美丽的常熟,途中经过长江上一座大桥,大家

知道是什么桥吗？（学生众口一词：苏通大桥）

 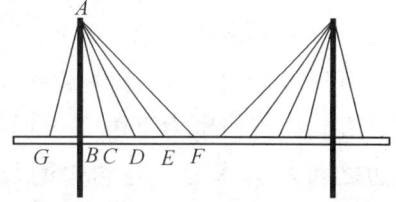

苏通大桥是一座斜拉桥，从远处看，斜拉桥的索塔、桥面与拉索组成许多什么特殊图形？（直角三角形）若已知桥面以上索塔 AB 的高，桥面上的各段距离均可测量，想计算拉索 AC 的长，怎么解决呢？

【设计意图】 笔者由南通赶往上课地常熟，正好经过学生熟悉的苏通大桥，以此作为新课引入点，既与本课的关键基本图形——直角三角形相契合，又揭示了本课将重点研究的是勾股定理的简单应用，还能一下子拉近与所借班级学生的情感距离，为开启后续流程的学习做了比较好的铺垫。

2. 温故探新

利用勾股定理，在直角三角形中，已知任意两边均可求出第三边。

利用勾股定理的逆定理，知道三角形三边的长度可以判定其是否为直角三角形。

温故练习：（学生直接说出答案）

(1) $\triangle ABC$ 中，$\angle C=90°$，$AC=7$，$BC=24$，则 $AB=$ _____。

(2) $\triangle ABC$ 中，$\angle C=90°$，$AC=8$，$AB=17$，则 $BC=$ _____。

(3) $\triangle ABC$ 中，$AC=24$，$BC=26$，$AB=10$，则 $\triangle ABC$ 是直角三角形吗？

(4) $\triangle ABC$ 中，$AC=6$，$BC=12$，$AB=13$，则 $\triangle ABC$ 是直角三角形吗？

【设计意图】 引入新课后，直接指出勾股定理及其逆定理的主要作用，并以四道小题予以强化，其中第(1)、(2)题针对定理的直接应用，而第(3)、(4)题则配合巩固其逆定理。

3. 问题引申

引申 1：温故练习第(1)、(2)题可以概括为直角三角形中的"知二求一"(即已知两边长,直接求第三边),例如经典的勾三、股四,即可得弦五。而若引申为直角三角形已知一直角边为 3,另一直角边与斜边之和为 9,求另一直角边的长,是否也可"知二求一"呢？(借助方程解决)

【设计意图】 通过引申 1,一方面概括出勾股定理的最基本应用——显性的"知二求一",又引发隐性的"知二求一"(即已知直角三角形一边长及另两边之和,求另两边长),既让学生初步形成解题模型意识,又自然产生借助方程解决问题的内在需求,从而为接下来例 1 的研究做好思想和技术上的准备。

中国古代数学著作中也有类似问题。

例 1 《九章算术》中有一道"折竹"问题："今有竹高一丈,末折抵地,去根三尺,问折者高几何？"

题意是：有一根竖直生长的竹子原高 1 丈(1 丈 = 10 尺),中部有一处折断,竹梢触地面处离竹根 3 尺,试问折断处离地面多高？

(师生共同分析解决)

【设计意图】 解决例1的基本思路是由实际情境抽象提炼出几何图形,即"寻找"直角三角形,然后类似于引申1来解决,体现模型意识,渗透方程思想。而对于原题中的文言文叙述,既让学生感受到传统数学文化的魅力,又很快给出题意解释,不给学生设置语言障碍,还其数学思维的本位要求。

思考:若直角三角形已知斜边为5,两直角边之和为7,如何求直角边的长呢?

(也是一种隐性的"知二求一",可借助于一种新的类型的方程来解决,此为后话)

探讨1:如图,△ABD中,∠D=90°,C为BD上一点,AB=15,AC=13,BC=4,求CD的长。

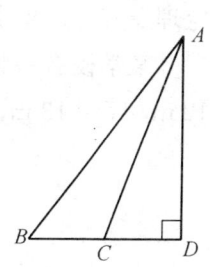

(本题让学生先独立思考,再在小组内讨论、解惑,请两个小组推选代表展示他们的交流成果)

【设计意图】 如果图形出现的直角三角形不是唯一的,又该如何利用它们间的相互联系解决问题呢?显然,这是"寻找"直角三角形的一种拓展,仍需利用勾股定理,借助方程来解决。

探讨2:如图,在△ABC中,AB=15,BC=14,AC=13,求△ABC的面积。

(图形中既没有直角三角形,也未出现直角,能否借助勾股定理求解呢?)

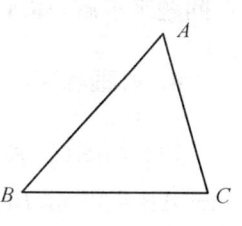

【设计意图】 图形中既没有出现直角三角形,也没有直接给出直角,但却已知三角形的三边长,可考虑作出相关垂线段,构造直角三角形,再利用方程思想求解,即"化斜为直",将斜三角形问题转化为直角三角形问题来求解。

引申2:在刚才的一系列问题中,一类是直接利用"寻找"到的直角三角形求解,一类是通过"作构"直角三角形求解,而若给了我们三角形有关边的大小,但未明确其形状,我们又该怎么办呢?

温故练习第(3)、(4)题是利用勾股定理的逆定理,通过三边的长度来判定三角形是不是直角三角形,这里的"边"也可以是三角形中的某些特殊线段,比如三角形的高、中线、角平分线等。

例2 如图,在△ABC中,$AB=26$,$BC=20$,BC 边上的中线 $AD=24$,求 AC 的长。

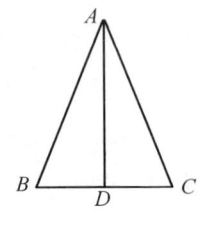

【设计意图】 例2是应用勾股定理的逆定理来求解,题目中虽没有直接给出直角三角形,但可以根据相关边长证明有关三角形是直角三角形,即通过"推证"获得直角三角形。

探讨3: 在一些比较特殊的多边形问题中,有时是否也可通过勾股定理及其逆定理求解呢?

某学校有一块四边形草坪如图所示,$AB=3$ m,$BC=4$ m,$CD=12$ m,$AD=13$ m,且 $AB \perp BC$。你能求出这块草坪 $ABCD$ 的面积吗?

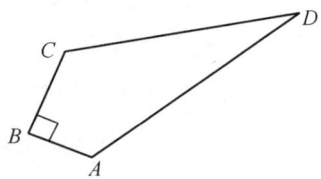

【设计意图】 本题是勾股定理及其逆定理的双重应用,通过"作构"直角三角形,再"推证"直角三角形,将四边形问题转化为直角三角形问题来求解,体现了转化思想。

4. 巩固练习

(1) 如图(1)所示的一块四边形空地 $ABCD$,$AD=12$ m,$CD=9$ m,$AB=39$ m,$BC=36$ m,且 $\angle ADC=90°$。求这块空地 $ABCD$ 的面积。

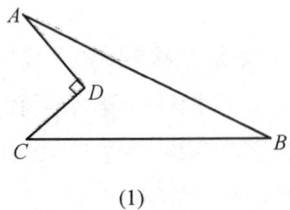
(1)

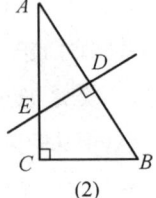
(2)

(2) 如图(2)，在 Rt$\triangle ABC$ 中，$\angle C=90°$，$AC=25$，$BC=15$，AB 的垂直平分线分别交 AB、AC 于点 D、E。求 AE、EC 的长。

【设计意图】 巩固练习中的问题既是前述教学内容的延续，又是对本课重点、难点的集中再现，同时也可以此获取一定的教学效果的反馈。

5. 反思提升

(1) 勾股定理仅对直角三角形适用。

(2) 运用勾股定理时要分清斜边和直角边，并注意公式的变形，因而在直角三角形中，已知两边可求出第三边。

(3) 勾股定理应用的三个层次：

① 给出直角三角形，运用勾股定理并借助方程等解决问题；

② 没有直接出现直角三角形，可根据需要通过添加辅助线设法构造直角三角形；

③ 根据给出的条件，借助勾股定理的逆定理判定所给三角形是否为直角三角形。

◆ 案例反思 ◆

1. 应从整合教材的高度定位一节课的设计意图

教学显然应充分利用教材，但又不囿于教材，而是要对其进行深度解读、体悟、重组，使课堂教学更符合课标精神，更贴近学生最近发展区，更利于学生对知识的内化和学习方式的转变。

在本课的设计中，笔者试图从数与形两个角度把握本课的核心和主线，即"知二求一"，包括显性和隐性两个层次，隐性的"知二求一"主要借助"方程"这一工具来辅助解决；显性即紧紧抓住"直角三角形"这一基本图形，直角三角形可以直接给出，可以通过作辅助线构造，还可以利用勾股定理的逆定理推证判断出来，当然这又涉及如何转化的问题。

2. 应让学生能从数学课堂中得到真切的感受

数学是抽象的,但学生从数学课堂得到的感受却应是真切的,实实在在的。在本课中,笔者认为学生应从中得到三个方面的感受:(1) 感受数学文化,不设置语言障碍,特别是《九章算术》中的"折竹"问题;(2) 感受建构图形,回归基本策略,即通过"寻找、作构、推证",回归到最基本的直角三角形中,运用勾股定理及其逆定理解决简单实际问题;(3) 感受数学模型,突出思想方法,主要是在解决问题过程中借助方程思想、转化思想、建模思想等。

3. 数学课堂教学进程与过渡点衔接应自然流畅、浑然一体

数学课堂不应是生硬的、割裂的,而应是有条不紊、过渡自然、环环相扣、浑然天成的,如此才更利于学生将课堂内容串成知识链,形成思维网,内化为认知结构。在本课流程中,一方面以精选的题组为载体,另一方面更注重题与题之间过渡点的抓准、关键词的点拨,尽可能做到语言精练,引领得当,让学生体会到各环节之间的梯度和提升度,同时放手给予学生独立思考的时间、小组探讨的空间和在全班交流汇报的机会。

"横看成岭侧成峰",每节课从不同的角度看,都会有不同的收获和感受,而也正因为如此,才会使我们的数学课堂获得更全面的生长空间,促使我们更好地进步。

细节 13

凸显板书的教学价值

❧ 细节阐述 ❧

板书是初中数学课堂教学中的一种主要教学媒体,板书艺术则是课堂教学艺术的重要有机组成部分。尽管随着信息技术的发展,各种现代化的教学手段已经走入课堂,但是板书在现代教学中仍起着不可替代的作用。

一、板书的主要作用

1. 板书可以较长时间地向学生传递信息

板书以文字为主,因而它和普通文字的作用一样,首先是传达信息,并且是将主要语言和知识点用文字记录下来再进行长时间的传递,从而弥补仅仅口传身授的不足。

2. 板书具有抽象概括作用

教师在课堂教学中为了增强直观性,往往会采用实物演示、过程展示等方法,这样可以极大地方便学生对相关内容的理解,但很多情况下,课堂上无法也无必要处处采用直观演示的方式,特别像数学这类学科,本身即具有较高的抽象性,多数情形下需要教师通过板书等手段记录主要过程和信息,这本身也是对学生抽象思维能力的一种强化和训练。

3. 板书具有示范和审美作用

苏联著名教育家加里宁有一句话："教育事业不仅是科学事业，而且是艺术事业。"课堂教学的艺术不仅包括富有表达力的语言、扎实的专业知识、不断锤炼出来的教学组织能力，也包括直观、形象的优秀板书。因为学生的模仿能力强，教师的板书将直接影响到学生的书写能力，如果教师的示范不到位，则学生学得也可能不到位，因此教师的板书应具有示范和引导作用。精心设计的板书，会使学生赏心悦目，兴趣盎然，并能加深对知识的理解，提高学习效率。

二、板书的设计原则

1. 科学性原则

课堂板书发端文本，源自教学需要，成于黑板，是课堂教学中很重要的一环。其设计要合理，不能脱离实际，更不能违背科学性，应能突出教学重点，揭示教学内容的关键之处和难点。

2. 实用性原则

板书设计最终是要展示在学生面前的，因而不能为了形式而显现自己的设计，更无须牵强附会地构筑板书，一切要从实用有效出发，契合教学程序，从细微处浓缩要义，在宏观上勾绘文旨意趣。

3. 简约性原则

教者对板书设计要精心建构，无论采取何种样式，都应要言不烦，以一当十。课堂板书要摒弃无效的铺设，做到高度的概括性，书之有度。要力求做到紧扣教学内容，挑选关键知识点；严格筛选，以少胜多，以简驭繁；还应便于记忆，利于理解。

4. 生成性原则

课堂资源是丰富而多样的,师生、教学内容和周围环境构成了丰富的课堂资源,在课堂教学实际推进过程中,常常会出现事先设计好的板书难以自然形成,"水到而渠不成"的现象。因此板书设计应主动地给学生留出"填补空白"的思维机会,适当地留有余地,使之产生发现和创造的乐趣。板书构思,应该应时而生,展现出课堂动态的教学流程,促进文本的不断生成,更有力地调动学生的学习积极性。

🖎• 典型案例 1 •🖎

板书设计应完整有序——"反比例函数"板书设计

表 1 李庾南老师"反比例函数"板书设计

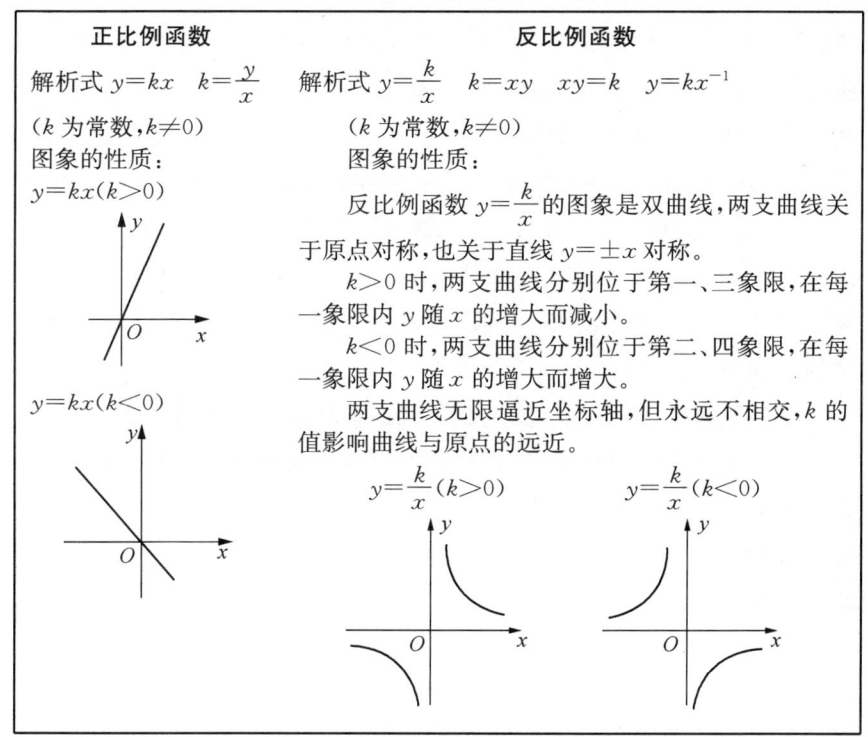

全国著名特级教师李庚南在教学反比例函数第1课时时,采用"自学·议论·引导"与"三结合"教学,教师引导巧妙,学生学习主动,课堂节奏跌宕起伏、引人入胜,整节课一气呵成,器宇不凡。李老师首先从基本的速度、时间、路程三者关系入手,一方面引导学生回顾了正比例函数及其解析式,以及通过学生画图复习了正比例函数的图象性质;另一方面又自然揭示课题,开启了反比例函数的学习,由学生通过个人探究、小组合作、全班展示等环节,一步步完善了反比例函数的概念、解析式特征、图象的性质等。而这些主要环节,李老师竟然都以板书的形式将其中的精髓记录下来,看她的课堂板书,仿佛一堂课就完整有序地呈现在我们面前。

◆ 专家点评 ◆

李庚南老师的课,有一种特殊的气质蕴含其中,令人久久回味不尽,而她的课堂板书设计亦如此。在反比例函数这一课中,学生不仅获得了反比例函数的文本知识,更重要的是再一次积累了研究函数及其图象性质的方法和经验,学生不仅有知识和方法的经验基础,也有学习的情感基础,李老师充分利用这些基础,采用教师指明研究方向,创设思维情境,学生亲自实践、体验,师生互相促进,使学习内容在学生力所能及的范围内得到最大限度的开放和拓展,学生学习的自主创造性得以充分发挥,并且在研究过程中丰富了学生研究数学的经验和情感。

而李老师的课堂板书,更是从知识的整体性出发予以考虑,精心安排各个局部的位置和任务,做好后续学习所必需的铺垫,做到一方面依据学生原有的准备状态而不脱离它来进行新的学习,另一方面又要通过新的学习促进学生更大的发展,使之积极形成对于后续学习良好的准备状态。

◆·典型案例2·◆

板书设计应自然生成——"三角形的边"板书设计

刘建老师在教学三角形的边一课时,从他带来的一根细绳出发,首尾相连,形成一个封闭图形,从而引导学生开始了三角形的学习。刘老师引导学生一步步理解领会了三角形的概念、三角形的表示方法、三角形的分类、三角形的三边关系等,整个过程水到渠成,自然生成。

表2 刘建老师"三角形的边"板书设计

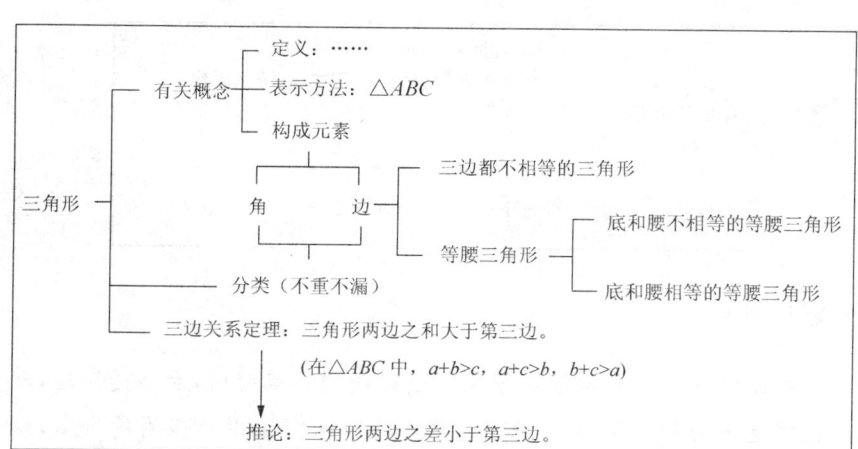

◆ 专家点评 ◆

"动手操作,实验验证"是新课程倡导的数学学习方式之一,教者要善于根据研究对象的本质特征来设计实验模型。刘建老师在"三角形的边"这一课中,利用一根绳子、几个小木棒,演绎了一段图形的变化、分合过程,整个过程严谨而大胆,注重回归数学的本真,因学生需求,自然生成,建立起相关知识结构体系。而这一切,从本课的板书设计可见一斑,整个板书设计依据课堂进程逐步展开,详略得当,有的放矢,不拖沓,不冗长,水到渠成地刻画了整节课的面貌,令人印象深刻,收到明显成效。

► ·典型案例3· ◄

板书设计应简明扼要——"勾股定理的简单应用"板书设计

笔者在教学勾股定理的简单应用一课时,为了凸显整节课的目标定位及探究重点,在板书设计上也颇费心思,采用了框架式板书结构,简明扼要,既达到示范引领作用,又力求体现本课研究的主要思想、方法。

表3 "勾股定理的简单应用"板书设计

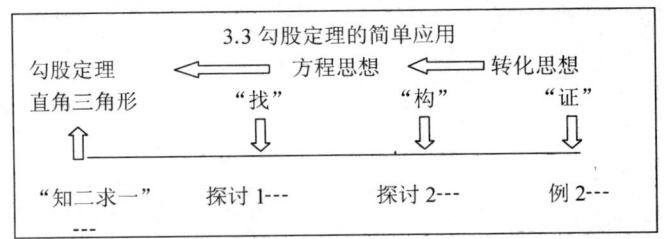

◆ 案例反思 ◆

本课时的定位是勾股定理及其逆定理的简单应用,既然是应用,就应让学生体会应用的目的、前提,具体的应用方法以及应用的价值,这就决定了本课有别于正常的概念新授课,而带有课题探究的意味。课题探究是一类较高层次的学习活动,对学生的思维方式、认知策略、学习能力等均有较高的要求,这也就需要教师有目的、有步骤地予以引导,通过设计不同层次的题组,适当变式,使学生一步步拨开云雾,逐步明朗,切实掌握有关方法,体会相关思想,有效建立认知模型和模式,而最终呈现给学生的文本,也应是明快而富有结构化的板书,能使学生提纲挈领,一目了然,更有效地把握本课的主体内容,更能内化为自身的认知结构。

细节 14
解题教学中合理使用特定解法

❥ 细节阐述 ❥

解题教学是数学教学的一种重要课型,通过解题教学可以使学生进一步加深对基本概念的理解,有效增强学生解决数学问题的能力,而且还能促进学生良好的数学观念的形成,逐步形成更加系统、全面的认知结构。

解题教学中经常需要处理好"一般"与"特殊"的关系(即学会求异思维),一般与特殊、共性与个性之间的关系是对立统一的矛盾关系。求异思维最好的事例是:把 100 只青蛙放在一起,再扔进去一只青蛙,你只会说"多了一只青蛙",但到底多出的是哪只,你却不一定可以说出来,这就是说"一般化"会使本身的存在丢失其意义,而出现"泯灭",那只青蛙最终会消失在 100 只青蛙里。而"特殊"可以使"存在"更加凸显"存在"的价值,比如:你把一条蛇扔进 100 只青蛙里,你一下子就可以分辨出那条蛇,就是因为它比较"特殊"。

数学解题中通常是将一般问题特殊化,先用特殊情形探讨解题的思路或问题的结论,然后在一般的情况下给出结论。虽然通常情况下对特殊情况的讨论不能代替一般情况的研究,就是说若干特例得到的结论,不能确保一般命题的成立,但是它仍是一种快捷有效的思维方式,由于它的事半功倍,很容易被人接受。

例如,学习求一元一次不等式组的解集时,几乎所有的教师都向学生介绍过如何通过口诀法确定几个一元一次不等式的公共解集,这说明对于某些特定类型的数学问题,可以利用较为特殊的解法快速求解,尽管这似乎带有应试的意味,但的确是非常简单有效的。事实上,在初中阶段,有许多特定类型的问题都可以用相应的特定解法去破解,往往不仅达到事半功倍之效,而且也能极大增强学生解题的模型意识。例如,若关于 x 的不等式组 $\begin{cases} x > -2 \\ x < a \end{cases}$ 有四个整数解,求 a 的取值范围。我们可以借助数轴,易知这四个整数解为 $-1, 0, 1, 2$,则 a 一定介于 2 和 3 之间,但究竟是否包括 2 或 3 着实令很多学生头疼。事实上,我们不妨引导学生采用假定推敲法,即若假定 a 包括 2,但由于 $x < a$,解集中反而不包含 2;若假定 a 包括 3,则由于 $x < a$,解集中却不包含 3 而包含 2,符合题意,即最终 a 的取值范围是 $2 < a \leq 3$。另外需强调的是,这种题型无论怎么变式,a 所介于的两个值中一定包括且仅包括其中一个值。

典型案例 1

对称还原法

例 (广州市中考题)如图 1 所示,将矩形纸片先沿虚线 AB 按箭头方向向右对折,接着将对折后的纸片沿虚线 CD 向下对折,然后剪下一个小三角形,再将纸片打开,则打开后的展开图是 (   )

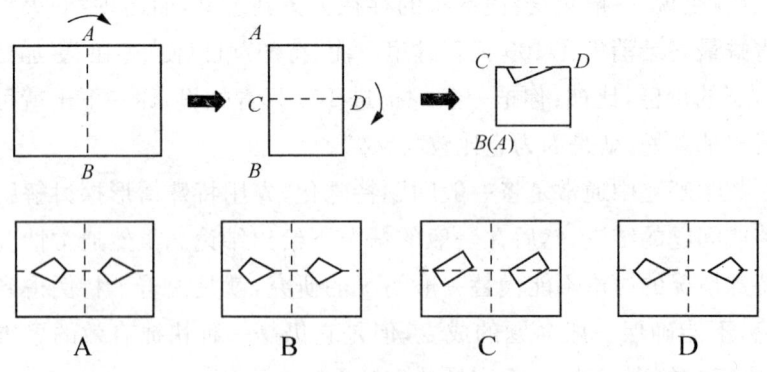

图 1

◆ 案例反思 ◆

此类折叠裁剪型问题若通过动手实践操作,虽结论明显但耗时费力,若直接通过空间想象,则不少学生能力又难以达到。这里介绍逐步对称还原法,即先将几次操作按步骤体现在一幅图中,如图 2,再按照上述步骤逆向操作,依次寻找轴对称图形,逐步还原过去,即可得到最终效果图如图 3(选 A)。

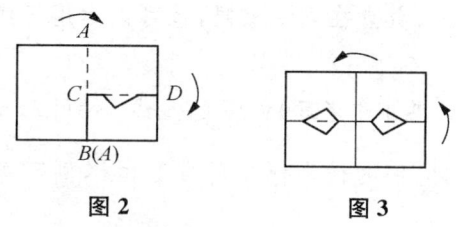

图 2　　　　　图 3

典型案例 2

利用"三线四区法"进行函数值的大小比较

例 (苏州市中考题改编)如图 4,一次函数 $y=kx+b$ 的图象与反比例函数 $y=\dfrac{m}{x}$ 的图象相交于 A、B 两点。根据图象写出使一次函数的值小于反比例函数的值的 x 的取值范围是_____。

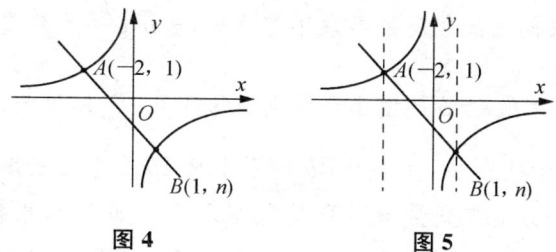

图 4　　　　　图 5

◆ 案例反思 ◆

不少学生由于不能很好地进行数形结合,难以一下子通过图象看出相应自变量 x 的取值范围,包括这其中 x 为什么不能取值为 0 也使学生感到突兀。我们可以利用三线四区法(如图5)来直观地寻求范围,即过 A、B 两点分别作 x 轴的垂线,这样平面上连同 y 轴共有三条竖直方向的直线,除它们本身外,它们把平面分成四个区域,我们要找的范围就是其中的两个区域,而且这两个区域一定是不相邻的,即一定不"靠"在一起($-2<x<0$ 或 $x>1$),而另外两个不相邻的区域一定是一次函数的值大于反比例函数的值的 x 的取值范围。

三线四区法的变式运用:如果一次函数图象与反比例函数图象有两个公共点且两个公共点在同一象限,也可以运用三线四区法解决相关问题。

变式1 (连云港市中考题)如图6,直线 $y=k_1x+b$ 与双曲线 $y=\dfrac{k_2}{x}$ 交于 A、B 两点,它们的横坐标分别为 1 和 5,则不等式 $k_1x<\dfrac{k_2}{x}+b$ 的解集是_____。

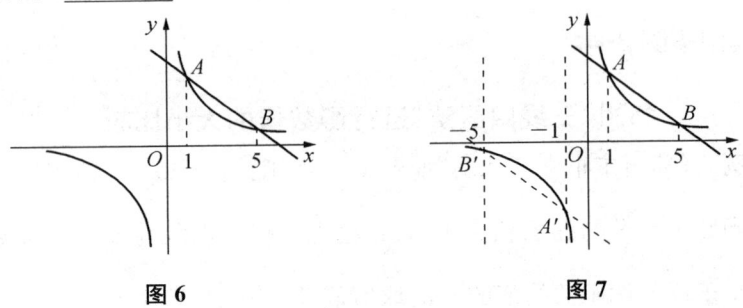

图6　　　　　　　图7

本题所求问题的实质是寻求不等式 $k_1x-b<\dfrac{k_2}{x}$ 的解集,意即写出使一次函数 $y=k_1x-b$ 的值小于反比例函数 $y=\dfrac{k_2}{x}$ 的值的 x 的取值范围,而这相当于把直线 $y=k_1x+b$ 向下平移 $2b$ 个单位长度,再找出直线在双曲线下方的自变量 x 的取值范围即可。如图7,根据函数的对称性可得新的交点坐标与原直线的交点坐标关于原点对称,运用三线四区法,过 A'、B' 两点分别作 x 轴的垂线,连同 y 轴,可看出相应的解集是 $-5<x<-1$ 或 $x>0$。

三线四区法的拓展运用(1):若一次函数图象与二次函数图象有两个公共点,由于两类函数均没有 $x\neq 0$ 的限制,因此可相应地运用"两线三区法"解决有关问题。

变式 2　如图 8，一次函数 $y=kx+b$ 的图象与二次函数 $y=ax^2+c$ 的图象相交于 A、B 两点。根据图象写出使一次函数的值小于二次函数的值的 x 的取值范围。

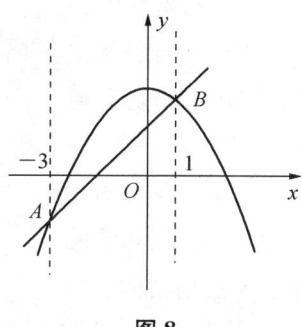

图 8

运用两线三区法，所求范围为 $-3<x<1$。

三线四区法的拓展运用（2）：若二次函数图象与反比例函数图象有三个公共点，连同 y 轴，可运用"四线五区法"解决有关问题。

变式 3　（无锡市中考题改编）如图 9，二次函数 $y=ax^2+bx+c$ 的图象与反比例函数图象相交于 A、B、C 三点。根据图象写出使二次函数的值大于反比例函数的值的 x 的取值范围。

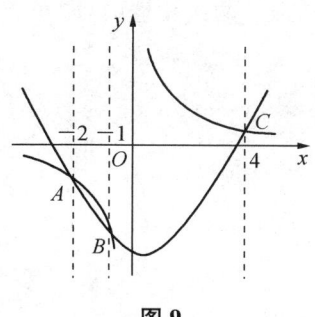

图 9

运用四线五区法，所求范围为 $x<-2$ 或 $-1<x<0$ 或 $x>4$。

典型案例 3

"s-t"图象问题

例1 （牡丹江中考题）已知：甲、乙两车分别从相距 300 km 的 A、B 两地同时出发相向而行，甲到 B 地后立即返回，右图是它们离各自出发地的距离 y(km) 与行驶时间 x(h) 之间的函数图象。

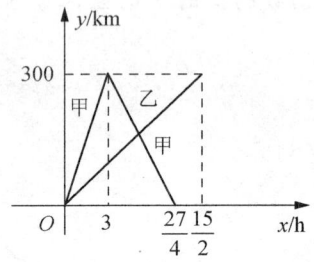

(1) 请直接写出甲、乙两车离各自出发地的距离 y(km) 与行驶时间 x(h) 之间的函数关系式，并标明自变量 x 的取值范围；

(2) 它们在行驶的过程中有几次相遇？并求出每次相遇的时间。

分析 本题第(1)问只要结合图象所示数据，运用待定系数法即可求解。但第(2)问考查两车相遇情形则一定要置于问题情景中去考虑，而不能误认为图象中甲、乙两条对应线段的交点表示相遇。事实上，根据具体情境，由于乙车速度较慢，其单程所需时间比甲车往返所需时间还长，因此两车在行驶的过程中应有两次相遇。第一次是两车分别从 A、B 两地同时出发相向而行相遇，第二次是甲车从 B 地返回后在途中追上乙车。而更为关键的是，两次相遇时，两车离各自出发地的距离之和都为 300 km。

解：(1) 当 $0 \leqslant x \leqslant 3$ 时，$y_甲 = 100x$；

当 $3 \leqslant x \leqslant \dfrac{27}{4}$ 时，$y_甲 = -80x + 540$；

当 $0 \leqslant x \leqslant \dfrac{15}{2}$ 时，$y_乙 = 40x$。

(2) 它们在行驶的过程中有两次相遇。

第一次是两车分别从 A、B 两地同时出发相向而行相遇，第二次是甲车从 B 地返回后追上乙车。而两次相遇时，两车离各自出发地的距离之和都为 300 km，由此有

① $100x + 40x = 300$， ② $-80x + 540 + 40x = 300$。

分别解得 $x=\dfrac{15}{7}$, $x=6$。

所以两车两次相遇的时间分别为 $\dfrac{15}{7}$ h 和 6 h。

例 2 （南京市中考题）一列快车从甲地驶往乙地，一列慢车从乙地驶往甲地，两车同时出发，设慢车行驶的时间为 x(h)，两车之间的距离为 y(km)，图中的折线表示 y 与 x 之间的函数关系。根据图象进行以下探究：

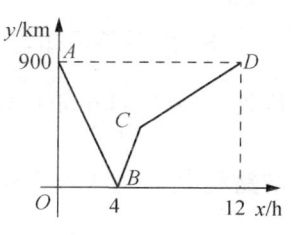

信息读取：

(1) 甲、乙两地之间的距离为_____km；

(2) 请解释图中点 B 的实际意义；

图象理解：

(3) 求慢车和快车的速度；

(4) 求线段 BC 所表示的 y 与 x 之间的函数关系式，并写出自变量 x 的取值范围；

问题解决：

(5) 若第二列快车也从甲地出发驶往乙地，速度与第一列快车相同。在第一列快车与慢车相遇 30 分钟后，第二列快车与慢车相遇。求：第二列快车比第一列快车晚出发多少小时？

分析 本题情境设置新颖，一改"s-t"图象问题中纵轴往往表示运动者与出发地或目的地距离的惯用做法，而是表示为两运动者之间的距离，即图象中尽管只有一条连续的折线段，却能表示两个运动者的运动状态。解决本题的关键之一是理清各特殊点、线的意义，如点 B 表示当慢车行驶 4 h 时，慢车和第一列快车相遇，而点 C 则表示第一列快车到达乙地时两车的距离，线段 CD 之所以比线段 BC 上升幅度缓慢，是因为此时第一列快车已停驶，只有慢车行驶使两车距离增大。而第二列快车的出现似乎使问题变得有些扑朔迷离，解决的关键是抓住它与慢车相遇的时间，求出此时慢车与第一列快车的距离即代表此时两快车间的距离,从而求出两快车出发间隔的时间。

解:(1) 900;

(2) 图中点 B 的实际意义是:当慢车行驶 4 h 时,慢车和快车相遇。

(3) 由图象可知,慢车 12 h 行驶的路程为 900 km,所以慢车的速度为 $\frac{900}{12}=75(km/h)$;当慢车行驶 4 h 时,慢车和快车相遇,两车行驶的路程之和为 900 km,所以慢车和快车行驶的速度之和为 $\frac{900}{4}=225(km/h)$,所以快车的速度为 150 km/h。

(4) 根据题意,快车行驶 900 km 到达乙地,所以快车行驶 $\frac{900}{150}=6(h)$ 到达乙地,此时两车之间的距离为 $6\times 75=450(km)$,所以点 C 的坐标为 $(6,450)$。

设线段 BC 所表示的 y 与 x 之间的函数关系式为 $y=kx+b$,把 $(4,0)$,$(6,450)$ 代入得

$$\begin{cases} 0=4k+b, \\ 450=6k+b. \end{cases} 解得 \begin{cases} k=225, \\ b=-900. \end{cases}$$

所以,线段 BC 所表示的 y 与 x 之间的函数关系式为 $y=225x-900$。

自变量 x 的取值范围是 $4\leqslant x\leqslant 6$。

(5) 慢车与第一列快车相遇 30 分钟后与第二列快车相遇,此时,慢车的行驶时间是 4.5 h。把 $x=4.5$ 代入 $y=225x-900$,得 $y=112.5$。

此时,慢车与第一列快车之间的距离等于两列快车之间的距离即 112.5 km,所以两列快车出发的间隔时间是 $112.5\div 150=0.75(h)$,即第二列快车比第一列快车晚出发 0.75 h。

◆ **案例反思** ◆

"s-t"图象问题的实质是"路程—时间"函数问题,首先应弄清横轴(x 轴)和纵轴(y 轴)所表示的意义。一般来说,横轴意义比较清晰,表示运动者(人或车等)运动的时间,但如果有不同运动者非同时出发

时,则一定要留意是以谁出发开始计时的。

纵轴所表示的意义相对复杂,应根据不同情景分别对待。纵轴表示路程时一般有如下几种类型:

(1) 表示单一运动者(或多个运动者)离(同一)出发地的路程;

(2) 表示多个运动者离各自出发地的路程;

(3) 表示运动者之间的路程;

(4) 表示其他特殊情景中的路程。

需要特别指出的是,"路程"与"距离"两个词有时意义相近,而有时意义却大相径庭,有时距离就只能理解为直线距离,而不同于路程,如此,其图中的水平线段 AB 才表示离家直线距离不变,而路程一直在增加。

纵轴表示路程时的不同类型也就直接决定了运动者相遇情形与图象关系的不同。

以上几例仅是笔者平时教学实践中为方便教与学所采用的一点简单做法,似乎不尽规范,也不尽完善,但有时此类做法却是提高教学效益、合理减轻学生负担的"灵丹妙药"。而且,类似这类做法也并非完全是剑走偏锋,毕竟有着其合理成分,譬如在利用"三线四区法"进行函数值的大小比较时,通过过特殊点作 x 轴的垂线,将坐标平面分成相对规整的几部分,在每一部分中两种函数都具有单一性,因而在对应自变量范围内它们之间的大小关系是固定的,这也正是这一做法的真谛所在。

细节 15

把好复习课教学关

❀ 细节阐述 ❀

数学复习课是指依据前期教学内容和学生记忆规律,通过组织特定的课堂教学活动对学生已学的知识系统进行重新建构,以期达到进一步巩固、深化、扩展的效果。数学复习课的主要任务是利用各种载体、形式巩固学生所学知识,并提高学生灵活运用相关知识解决实际问题的能力,其在课堂教学过程中的主要组织形式包括再现教学内容、强化概念基础、巩固和完善认知结构、适当反复操练、加强模型辨认等。数学复习课一般有单元复习课、阶段复习课、专题复习课、冲刺阶段复习课等类型。

复习课作为课堂教学的重要类型,在其形式、内容、操作方法等方面都与新授课有着较为鲜明的不同之处。学生平时学习中点状、零散的知识需要系统化、网状化,平时所学知识的疑惑点需要澄清,平时所学内容中的重要思想方法需要提炼,而通过复习课,则能更好地完成上述教学任务。因此,如果说新授课是"画龙",那么复习课则是"点睛"。

在课程改革不断深入的背景下,如何发挥好复习课的功能?上复习课时又应注意哪些问题?而现阶段初中数学课堂教学复习课确实存在的一些不到位的现象,以及广大教师对数学复习课研究得不够系统等,都是我们需要理清的课题。

数学复习课的一般操作策略:

1. 明确目标，做到心中有数

课堂教学目标的作用是导教导学，在我们确定一节复习课的目标时，要相机引导学生用简明的数学语言提出，以帮助学生带着目标学习，才不会迷失复习的方向。

2. 知识再现，唤起学生回忆

知识再现是复习课的主体要求，即复习课是不断提取已学习过的知识的过程，教者可采取各种方式方法，设置合理的问题，通过学生独立回忆、思考，小组合作，班级交流等形式唤起学生的再认知与拓展。

3. 系统梳理，呈现知识联系

教者应引导学生尝试将已学知识点归纳分类，即通过思维活动将各类知识点条理化、系统化，而那些具有内在联系的知识点在学生自主分析、比较的基础上串联到一起时，也就达到知识的泛化，使学生能学一点懂一片，在此基础上又学一片会一面，这些显然也是复习课的一个显著特征。

4. 深化提高，促进学生发展

教者要引导学生学会用所学知识去发现问题并解决问题，要能够将知识结构转化为认知结构，同时以提高学生综合应用能力为目标，以创新性的综合训练为手段，让学生自由发表意见，并可以辩论、评价，切实达到灵活运用知识的层次。在这当中，要最大限度发挥学生的主观能动性，让其通过观察、比较、分析等方法，对已学知识有一个更全、更新的认识，同时通过学生自身的评价和教师对其的评价来激励学生学习的热情，为他们提供一个得以发挥潜在智能的自由空间。

▶ 典型案例 1 ◀

寻求有意义传授的平衡点
——一节"二次函数"复习课及听课体会

一、课前准备

该听课学校推行"预学案"制,即主要学科各自课前提前一天下发给学生一张有关第二天授课基础内容的预学案练习纸,由学生带回预先完成,第二天早上交给相关学科教师,教师尽可能在该学科课前批阅完成,课堂上一般都要先对预学案完成情况进行评价反馈。本节课是二次函数复习的第一课时,预学案内容主要分两个部分,一是"主要知识整理",包括填写二次函数解析式的三种形式、一般式的顶点坐标、对称轴方程;如何判断抛物线的开口方向、二次函数的最值和增减性等;二是四道有关二次函数的基础题,其中第 4 题如下:已知二次函数的图象经过点 $A(-1,0)$、$B(3,0)$、$C(2,-3)$,试求这个二次函数的解析式,并在平面直角坐标系中画出这个函数的图象。

二、教学过程

1. 分享交流

教师将预学案完成情况反馈给学生,适当进行鼓励,同时指出了几个细节问题。对于上述第 4 题介绍了学生中使用的两种方法,即利用一般式或交点式去求解析式,结果为 $y=x^2-2x-3$,图象如图 1 所示。

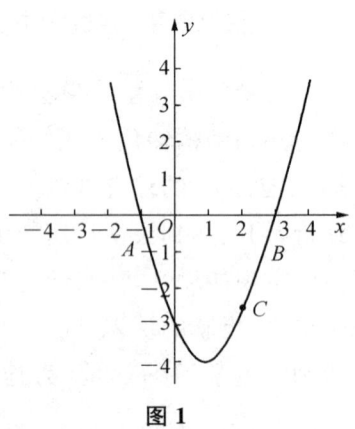

图 1

2. 信息提炼

结合图 1,一组学生以"开火车"的形式回答还能从图中得到哪些信息(包括抛物线的开口方向、对称轴方程、顶点坐标、与坐标轴交点坐标等)。

3. 设问作答

学生结合该题及其图象,独立思考,设计出一个相关问题,并提请某同学作答。

学生问题1:该抛物线向上平移3个单位长度之后的图象解析式是什么?

(教师点拨:抛物线还可以左右平移)

学生问题2:设抛物线与y轴交于点D,连接BD,求直线BD的解析式。

(教师点拨:除了可以用待定系数法,也可通过平移直线$y=x$得到直线BD)

学生问题3:连接有关线段,分别求$\triangle ABD$、$\triangle ABC$的面积。

学生问题4:设抛物线顶点为E,如图2,求$\triangle BDE$的面积。

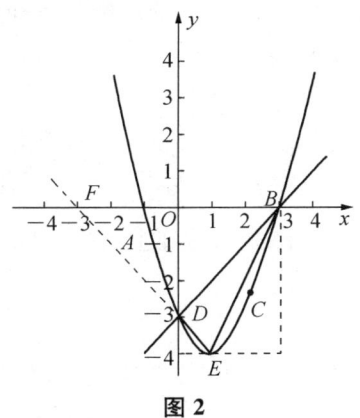

图2

(学生通过割补法解决:① 分别过E、B作y轴、x轴的垂线构造矩形,再减去有关三角形面积;② 延长ED,交x轴于点F,利用$\triangle EBF$的面积减去$\triangle DBF$的面积求解)

学生问题5:比较有关函数的函数值大小。

学生问题6:抛物线上是否存在点P,使$\triangle ABP$的面积等于$\triangle ABC$的面积。

4. 教师拓展

（1）设抛物线与 y 轴交于点 D，连接 AD，在抛物线的对称轴上是否存在点 P，使得 $\triangle PAD$ 的周长最小？若存在，求出 P 点的坐标；若不存在，请说明理由。（学生作答略）

（2）在 x 轴上是否存在点 Q，使 $\triangle ADQ$ 为等腰三角形？若存在，请直接写出所有符合条件的点 Q 的坐标；若不存在，请说明理由。（学生作答略）

（3）若点 M 为第四象限抛物线上一动点，连接 BM、DM，如图 3，求四边形 $BODM$ 面积的最大值，并求出此时 M 点的坐标。

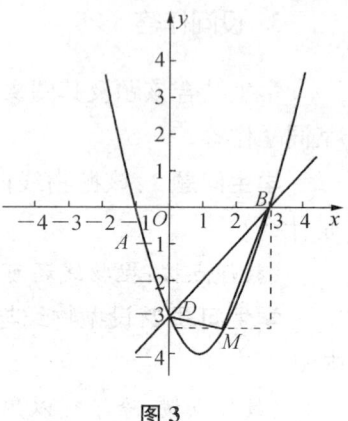

图 3

（学生思路：类似于学生问题 4 的解法，设 M 的坐标为 $(m, m^2 - 2m - 3)$，分别过 M、B 作 y 轴、x 轴的垂线构造矩形，再减去有关三角形面积。此题学生所花时间较长）

5. 课堂小结

教师原本在拓展之后准备了一道巩固练习，但此时下课时间已到，师生作了简短的小结即下课并布置作业，全课结束。

◆ 专家点评 ◆

目前的初中数学教学，比较推崇的课堂形态当属"活动式"数学教学，即偏重于以学生的学的逻辑为核心进行教学设计与实施，其带来的显著效果是学生在数学学习方式上更趋于主动，对数学学习的过程体验更为深刻，更有利于培养学生的思维发散性与探索精神。而对于一般形态的数学教学，往往追求的是课堂传授的有意义性，即以奥苏伯尔的有意义学习理论和凯洛夫的教学思想为理论支撑，以系统讲解为课堂中心，重视数学基础知识的学习和基本技能的形成。

审视这两种形态的数学课堂，我们无法将二者截然分开，也不应在孰优孰劣上做过多无谓的纠缠,因为这两种课堂都是有价值的课堂,其优势我们都应汲取。那如何"鱼"和"熊掌"都能兼得呢?笔者以为,这需要倡导我们教者在活动式数学课堂中寻求有意义传授的平衡点,即我们以构建活动式数学课堂为价值取向,既要确保充分发挥出学生的学习主动性,使其深刻体验到知识的发生、生长、生成过程,又要确保达成或基本达成预设的课堂总体目标与总体框架,获取课堂教学的即时效益和现实效益。

听完本课,笔者当时比较直接的感受是教者在处理学生活动与课堂有意义传授方面做了很多有益的尝试,其课堂容量适中,学生的思维活动量较为充足,课堂参与度也比较高。至于本课是否可归于"活动式"数学课堂,笔者无意于将其定位,不过细致审视上述课堂并结合自己平时的教学实践,笔者倒是有几点思考体会,在此提出以期与各位同行讨论:

1. 精选素材与课堂目标定位

毋庸置疑,本课教者在素材选取上是下了一番功夫的,考虑到了学生基础,并以预学案第 4 题为蓝本,引领学生进行思维发散训练,并精心设置了拓展问题,步步深入挖掘了研究深度。但纵观整节课,作为二次函数复习的第一课时,本课的复习目标定位是什么,已逐渐有些模糊,因为从整节课的学生思维方向上看,似乎在平面几何部分周旋太多,以至于本课与一节三角形、四边形综合复习课有趋同之感。

2. 先练后讲与即时思维训练

听课所在学校推行"预学案"制,每节课开始环节都类似于先练后讲,课上所用拓展问题也事先印发给学生,课堂利用率大为提高,更能兼顾到不同层次学生对题目信息的不同反馈速度。但这同样面临一个问题,即如何培养学生的即时思维能力。笔者以前曾在自己班上推行过"限时作业"的做法,让学生在学校或在家按规定时间完成一定量的作业,以期培养其快速审题、寻求思路、解答甚至书写的能力,但经过一段时间试行后发现困难重重,原因主要是若学生在校完成,根本没有相应时间段,因为学生在校总时间就那么长,都已安排满,再挤出时间就违背教学规律了;而若在家完成,除非家长极其配合,否则是否规定时间,效果是一样的。而听课学校的"预学案"制其实也会遇到类似困扰,即学生每天都要完成主要学科的预学案和家庭作业,学生的预习时间、类似两份作业的完成时间从哪里来?靠无限制延长作业时间吗?显然这与教学规律、规定都是相悖的。况且如果新授课都采用预学案,那课堂上的情境设置、课堂引入还需要吗?这些似乎都值得进一步探讨。

3. 自主发散与择善导向收敛

本课的课堂亮点之一在学生设问作答环节,学生思维发散性被充分调动起来,课堂氛围也明显趋于活跃,学生参与度高。而从实际效果看,也确实涉及不少典型知识点,起到了举一反三之效。但这类环节的施行是否也应适度,因为这一举措的本质是学生对头脑中已有知识脉络和储存信息的摄取或再现,至少对设问者来讲并非是真正的未知问题,也即此类问题的创造性其实是要大打折扣的。同时,在这一环节中,既要放得开,又要收得住,也就是教者的择善收敛引导应能起到画龙点睛之效,以利于课堂进程的及时调控,并便于后续环节的顺利进行。例如本课对于学生问题 4 求 △BDE 的面积,尽管学生已提出两种具体的割补方法(究其实质都是"补"),但教者若能考虑到后续教师拓展(3)中需求四边形 BODM 面积的最大值,此时就可引导学生探讨对于问题 4 中要求的三角形如何通过"割"来求面积,即可过 E 作 y 轴的平行线交 BD 于点 F,将 △BDE 分割成 △EFD 与 △EFB,两小三角形均以 EF 为底,对应高之和等于 OB 的长。这一"割"法在教师拓展(3)中会起到事半功倍的效果,即如图 4,过 M 作 y 轴的平行线交 BD 于点 F,设出 M 的坐标,得出相应 F 的坐标,通过 △MFD 与 △MFB 的和可求出 △BDM 的面积最大值,再加上定值 △BOD 的面积最终求出四边形 BODM 面积的最大值。如此一来,能将课堂前后环节更紧密联系起来,且方法更为简捷,可节省出不少时间留到课堂巩固环节。

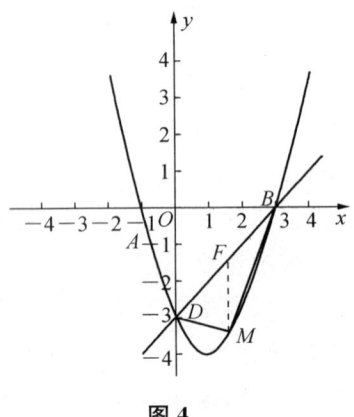

图 4

以上几点是笔者的一些课堂听课随感,而到底怎样的课堂是我们所需要、所追求的课堂,可谓永远是个仁者见仁、智者见智的课题,我们只有在教学实践中不断尝试和探索。

➤•典型案例 2•◄

引导学生自主复习展示——锐角三角函数复习(节选)

1. 基础知识之自我回顾

师:昨天老师已经布置同学们课后自己对本章进行复习整理,现在展示你们成果的时候到了。

生1:锐角三角函数的定义:

直角三角形中,锐角的正弦值等于该角的对边与斜边的比值。

直角三角形中,锐角的余弦值等于该角的邻边与斜边的比值。

直角三角形中,锐角的正切值等于该角的对边与邻边的比值。

生2:特殊角三角函数值要熟记。

生3:解直角三角形及其应用时,对照图形,寻找已知量与未知量之间的关系。

师:刚才几名同学的回答,汇总起来就是本章要掌握的知识,老师把它们总结成下面的网络图。

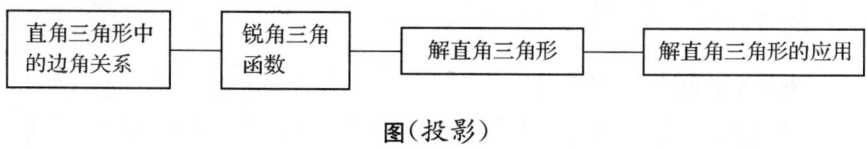

图(投影)

2. 基础知识之快速演练

(教师投影题目,学生思考后回答)

(1) 计算 $\sin 60° \cdot \cos 30° - \dfrac{1}{2} =$ _____。

生4:结果为 $\dfrac{1}{4}$。

师：正确。

(2) 在 Rt△ABC 中，∠C＝90°，若 AC＝2BC，则 tan A 的值是（ ）

A. $\dfrac{1}{2}$　　　B. 2　　　C. $\dfrac{\sqrt{5}}{5}$　　　D. $\dfrac{\sqrt{5}}{2}$

生 5：画出图形，容易求出 $\tan A=\dfrac{1}{2}$，所以选 A。

师：正确。

(3) 在 Rt△ABC 中，∠C＝90°，$AB=2\sqrt{5}$，$AC=\sqrt{15}$，则∠A 的值是（ ）

A. 90°　　　B. 60°　　　C. 45°　　　D. 30°

生 6：由 $\cos A=\dfrac{AC}{AB}=\dfrac{\sqrt{15}}{2\sqrt{5}}=\dfrac{\sqrt{3}}{2}$，可得∠A＝30°，故选 D。

师：正确。

3. 基础知识之灵活运用。

（教师投影题目，学生思考后回答）

(1) △ABC 中，a＝3，b＝5，c＝4，则 sin A 值是（ ）

A. $\dfrac{3}{4}$　　　B. $\dfrac{5}{4}$　　　C. $\dfrac{3}{5}$　　　D. $\dfrac{4}{5}$

生 7：由 $\sin A=\dfrac{a}{c}=\dfrac{3}{4}$ 知选 A。

师：有不同意见的吗？

生 8：他说得不对，正确的做法是：由 $a^2+c^2=b^2$ 知∠B＝90°，故 $\sin A=\dfrac{a}{b}=\dfrac{3}{5}$，因此应该选 C。

师：正确，这是一道陷阱题，常规∠C＝90°，而本题条件暗示∠B＝90°，所以今后注意审题要仔细。

(2) Rt△ABC 中，斜边 AB 的长为 m，∠B＝40°，则 BC 边长是（ ）

A. $m\sin 40°$　　B. $m\cos 40°$　　C. $m\tan 40°$　　D. $\dfrac{m}{\tan 40°}$

生9：选B，理由：$\cos 40° = \dfrac{BC}{AB}$，可得 $BC = m\cos 40°$，故选B。

师：很好。

(3) $\triangle ABC$ 中，$\angle C = 90°$，$\tan A = \dfrac{1}{3}$，则 $\sin B$ 的值是（　　）

A. $\dfrac{\sqrt{10}}{10}$ B. $\dfrac{2}{3}$ C. $\dfrac{3}{4}$ D. $\dfrac{3\sqrt{10}}{10}$

生10：构造 $Rt\triangle ABC$，由 $\tan A = \dfrac{BC}{AC} = \dfrac{1}{3}$，可设 $BC = k$，$AC = 3k$，从而 $AB = \sqrt{10}k$，$\sin B = \dfrac{AC}{AB} = \dfrac{3k}{\sqrt{10}k} = \dfrac{3\sqrt{10}}{10}$，所以选D。

……

◆ **案例反思** ◆

　　这节课完全出于想象之外。课前对这一设计方案心中没有底，而课堂上学生的表现简直让人惊讶。想不到学生的思维那么活跃，能力那么强。学生真是太聪明了！

　　课后学生的反应更是热烈。他们说："以前的复习课，基本都由老师讲，我们很多同学听一会儿就分散精力，有一些学生根本就没有听。课后作业许多同学没有认真地独立完成，还有一些是抄别人的，一章复习完后许多知识没有真正弄清楚，还是迷迷糊糊的。""今天的课，课前老师让我们自己先对这一章进行整理，而且说课堂上要展示，大家都认真地进行了复习整理。除了自己看书上的内容外，我们还翻阅了一些参考资料，与同学进行了讨论。这样老师还没有上课，我们对这一章的知识及相互之间的关系就基本上复习和了解了。课堂上以练习来巩固相关知识点，使我们既看到了自己的不足，又学习到了别人的方法，进一步加深了对这一章知识的理解与掌握，印象十分深刻，特别是我们解题时的积极性都很高，都在认真地进行。""当听（看）到别人解题很有新意时，也启发了自己的思路，产生了一些新的想法。""以前老师布置的各种不同类型的习题，我们只是为了完成作业，从没有认真去想一想它们之间有何联系和规律。今天通过我们自己编制习题并展示了各种不同的类型,我们看到了这些不同类型习题的解题规律和相互之间的联系,我们觉得这些题简单多了。""老师今后的课都应该这样上。让我们先自己去做一做,做后再交流,通过交流,可以互相启发,这样我们收获要大得多。"

细节 16

重视评价试题设计

细节阐述

《义务教育数学课程标准(2011版)》指出,数学学习的评价应以数学课程目标和内容标准为依据,体现数学课程的基本理念,要合理设计和组织实施书面测验,以便全面考查学生的数学阶段学习成就。在具体设计试题时,命题者应着重关注并能体现出课程标准中所倡导的几个核心词:数感、符号意识、空间观念、几何直观、数据分析观念、运算能力、推理能力、模型思想,以及应用意识和创新意识。而为了更有效地发挥各类题型的考查功能,应结合评价的目标合理地设计试题,如阅读分析类问题、实际应用类问题、情境开放类问题、综合考查类问题等。

数学评价试题的设计不仅要关注学生数学学习的结果,也要达到引导学生重视学习过程的目的,包括学生在学习活动中所表现出的情感态度与价值观,并能帮助学生更好地建立信心,认识自我。

在具体设计试题时,要秉承以学生全面发展为本的教育理念,较全面地刻画学生数学发展的现实状况和潜在可能。例如,涉及较综合类问题时,一般都会围绕函数关系模型及其应用进行考查,这是因为函数是刻画现实世界数量关系最有力、最普遍的工具,也最有利于学生综合运用所学数学内容,发现与提出数学问题,进而分析与解决数学问题。另外,不少问题会针对学生空间观念、几何直观、推理、活动经验而展开。而综观全国各地试题,呈现出的整体风格愈发趋向一致,即"重点内容重点考查,核心内容反复考查,次要内容、枝枝节节的内容未必考查"。当然,不少试题还能在动手操作型问题、阅读理解型问题的设置上多做加工,令人耳目一新。

针对试题评价的特点,教师在平时教学中就要注重如下几点:

(1)紧扣课标,夯实双基,规范知识教学。要让学生系统把握知识脉搏,构建认知网络,同时要注重变式训练,强化学生对知识运用的正迁移。

(2)加强对数学方法的概括和对数学思想的提炼。随着对学生能力考查要求的提高,这方面要求显得尤为突出。

(3)注意发挥学生的学习主动性、能动性、独立性,培养学生的问题意识、探究意识,提高其动手能力、实践能力,要善于引导学生将一些社会实际问题转化为数学模型,强化建模思想,多关注时势发展。

➤• 典型案例 •➤

发挥数学中考命题的多重评价功能

笔者参与过江苏省南通市中考数学试题的命制工作,现以2014年南通市中考数学试卷第27题为例阐述该题的评价意图及命制进程,并谈谈自己的一些感受和反思。

一、试题立意

南通市中考数学试题的命题基本原则是"依标扣本",并着力体现延续多年的规范性、科学性、导向性、和谐性、选拔性五大功能,而作为全卷倒数第二大题的第27题,显然更加需要充分考查考生综合运用知识、独立解决问题的能力。根据全卷预先整体规划和双向细目表,第27题知识覆盖点拟以四边形、相似形为主要背景,涉及图形的运动变化、函数关系式的建立以及分类讨论等思想方法,问题设置应梯度明显,部分关系条件相对隐蔽,解题入口宽泛、思路灵巧而不拘一格。

二、试题初稿

如图1,矩形$ABCD$中,$AB=2$,$AD=4$,点E从点A出发,以每秒

1个单位长度的速度沿 AB 向 B 运动,点 M 同时从点 A 出发,以每秒 a(a 为大于 0 的常数)个单位长度的速度沿射线 AD 运动,设两点运动时间为 t 秒($0<t\leqslant 2$)。直线 EM 与直线 CD 交于点 F,过点 M 作 $MG\perp EM$,交直线 BC 于点 G。

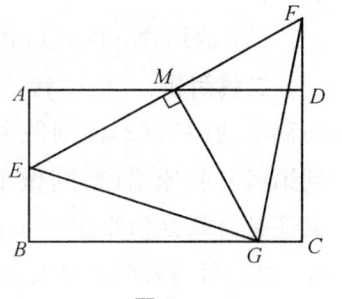

图 1

(1)当 $a=2$ 时,求 △EFG 的面积 S 的大小;

(2)若 $AE=1$,且 △EFG 为等腰三角形时,求 a 的值;

(3)当 $AM:MD=3:1$ 时,求证:MG 的长为定值,并指出此时 G 点位置。

初稿简析:对照第 27 题题目立意要求,几经酝酿的初稿似乎已能基本体现预先规划和命题意图,但再经审视,还是觉得有如下几处考虑欠佳:① 为使问题条件交待清晰到位,题目叙述相对略长,文字不够简练,特别是题干中涉及多处点、线的关系,不利于考生对题意的整体把握;② 题干中设置了两个动点 E 和 M,但在第(1)问中限制了二者速度倍率为定值,第(2)、(3)问中分别设置了 E、M 为定点,实质只有一个真正意义上的动点,何不删繁就简,干脆就只设置一个动点;③ 三个小问题梯度不够明显,而解决的主要思路有雷同之处,即都可通过过 M 作 $MH\perp BC$ 于 H,证得 $\triangle HMG\backsim\triangle AME$,且后两问均需简单意义上的分情况讨论,有重复之嫌。鉴于上述几点,有必要对初稿重新做出调整。

三、试题二稿

如图 1,矩形 ABCD 中,$AB=2$,$AD=4$,点 E 为 AB 中点,点 M 从点 A 出发,以每秒 a(a 为大于 0 的常数)个单位长度的速度沿射线 AD 运动,运动时间为 t 秒($t>0$)。直线 EM 与直线 CD 交于点 F,过点 M 作 $MG\perp EM$,交直线 BC 于点 G。

(1)若 M 为边 AD 的中点,求证:△EFG 是等腰三角形;

(2)当 $AM:MD=3:1$ 时,求证:MG 的长为定值,并指出此时 G

点位置；

(3) 请用含 a 的代数式表示△EFG 的面积 S。

二稿简析：二稿中将 E 点设置为定点，题意相对更加简明，并将初稿中的(1)、(2)两问做了较大调整，新设了第(1)问，原第(3)问提到第(2)问，原第(1)问做了泛化处理作为第(3)问。但细细品味，二稿还是有几处值得进一步推敲：一是 E 为 AB 中点，这一位置太为特殊，加上第(1)问中 M 又为边 AD 的中点，从而出现在两个中点情形下讨论问题，不利于向一般情形过渡；二是第(2)、(3)两问解题思路上还是趋于雷同，梯度关系也区分不明显。因此，有必要继续对二稿进行修正。

四、试题终稿

如图 2，矩形 $ABCD$ 中，$AB=3$，$AD=4$，E 为 AB 上一点，$AE=1$。M 为射线 AD 上一动点，$AM=a$（a 为大于 0 的常数）。直线 EM 与直线 CD 交于点 F，过点 M 作 $MG \perp EM$，交直线 BC 于点 G。

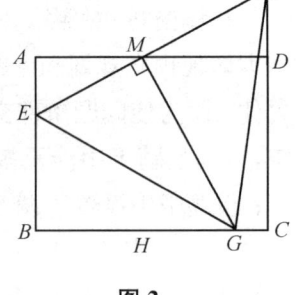

图 2

(1) 若 M 为边 AD 的中点，求证：△EFG 是等腰三角形；

(2) 若点 G 与点 C 重合，求线段 MG 的长；

(3) 请用含 a 的代数式表示△EFG 的面积 S，并指出 S 的最小整数值。

终稿简析：为削弱 E 点位置的过于特殊性，将矩形 $ABCD$ 的相邻两边改为 3 和 4，而 $AE=1$。同时由设置 M 点的运动速度和运动时间改为直接告知 AM 的长为 a，有利于考生更有效地把握题意。重新设置了第(2)问，让考生自然向相似三角形方向靠拢，为第(3)问构造相似三角形做好铺垫。而第(3)问增加了指出 S 的最小整数值，进一步考查了考生数字估算能力。

五、解答思路参考

(1) 思路①：由 M 为 AD 中点，得 AM=DM。

∵ AB ∥ CD，∴ $\dfrac{EM}{FM} = \dfrac{AM}{DM} = 1$，即 EM=FM，又 MG⊥EF，∴ GE=GF；

思路②：通过证 △MAE≌△MDF（ASA 或 AAS），得 EM=FM，再同思路①；

思路③：如图 3，过 M 作 MH⊥BC 于 H，由 △MAE∽△MHG，得 $HG = \dfrac{1}{2} MH = \dfrac{3}{2}$，∴ $BG = \dfrac{7}{2}$，$CG = \dfrac{1}{2}$。在 Rt△BEG 和

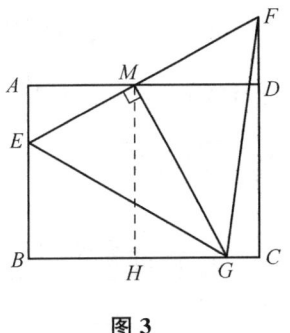

图 3

Rt△CFG中，分别由勾股定理求得 $EG = \dfrac{\sqrt{65}}{2}$，$FG = \dfrac{\sqrt{65}}{2}$，从而直接可得 GE=GF。

(2) 若点 G 与点 C 重合，如图 4。

思路①：证 △MAE ∽ △CDM，得 $\dfrac{AM}{DC} = \dfrac{AE}{DM}$。

∵ AE=1，AM=a，CD=3，DM=4−a，

∴ $\dfrac{a}{3} = \dfrac{1}{4-a}$。解得 a=1 或 a=3。当 a=1 时，$MG = 3\sqrt{2}$；当 a=3 时，$MG = \sqrt{10}$；

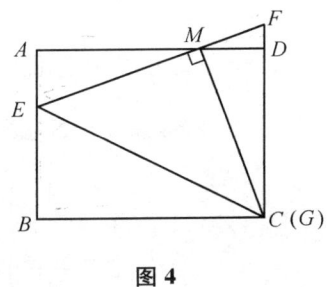

图 4

思路②：证 △MAE∽△MDF，得 $FD = \dfrac{4-a}{a}$，再由射影定理得 $MD^2 = CD \cdot FD$，$(4-a)^2 = 3 \times \dfrac{4-a}{a}$，解得 a=1 或 a=3。再同思路①；

思路③：由勾股定理，在 Rt△BEC 中求得 $EC^2 = 20$，在 Rt△AEM 中求得 $EM^2 = a^2 + 1$，∴ 在 Rt△MEC 中有 $MC^2 = EC^2 - EM^2 = 19 -$

a^2,又在 Rt$\triangle MDC$ 中 $MC^2 = a^2 - 8a + 25$,$\therefore 19 - a^2 = a^2 - 8a + 25$,解得 $a = 1$ 或 $a = 3$。再同思路①。

(3)(Ⅰ)当点 M 在线段 AD 上时,如图 5。

思路①:过 M 作 $MH \perp BC$ 于 H,证 $\triangle HMG \backsim \triangle AME$。$\therefore \dfrac{MG}{ME} = \dfrac{MH}{MA}$,$MG = \dfrac{3\sqrt{a^2+1}}{a}$。

由(1)知,$\dfrac{FM}{EM} = \dfrac{DM}{AM}$,$\therefore FM = \dfrac{(4-a)\sqrt{a^2+1}}{a}$。

$\therefore EF = EM + FM = \dfrac{4\sqrt{a^2+1}}{a}$。

$\therefore S = \dfrac{1}{2} \cdot EF \cdot MG = \dfrac{1}{2} \cdot \dfrac{4\sqrt{a^2+1}}{a} \cdot \dfrac{3\sqrt{a^2+1}}{a} = \dfrac{6(a^2+1)}{a^2}$。

思路②:由 $\triangle HMG \backsim \triangle AME$,得 $HG = \dfrac{3}{a}$,$\therefore BG = a + \dfrac{3}{a}$,$CG = 4 - a - \dfrac{3}{a}$,又由(2)中思路②知 $FD = \dfrac{4-a}{a}$。

$\therefore S = S_{\text{梯形}BEFC} - S_{\triangle BEG} - S_{\triangle FCG}$

$= \dfrac{1}{2} \times 4 \left(2 + 3 + \dfrac{4-a}{a}\right) - \dfrac{1}{2} \times 2 \left(a + \dfrac{3}{a}\right) - \dfrac{1}{2}\left(3 + \dfrac{4-a}{a}\right)\left(4 - a - \dfrac{3}{a}\right)$

$= 8 - a + \dfrac{5}{a} + \dfrac{a^3 - 4a^2 + 3a + 2a^2 - 8a + 6}{a^2} = 6 + \dfrac{6}{a^2}$;

(Ⅱ)当点 M 在线段 AD 延长线上时,如图 6。过 M 作 $MH \perp BC$ 于 H,可类比(Ⅰ)中两种思路求解。

思路①:由 $\dfrac{FM}{EM} = \dfrac{DM}{AM}$,得 $FM = \dfrac{(a-4)\sqrt{a^2+1}}{a}$。

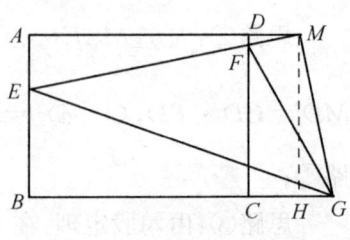

图 5

图 6

$$\therefore EF = EM - FM = \frac{4\sqrt{a^2+1}}{a}, S = \frac{6(a^2+1)}{a^2}.$$

思路②：$DF = \dfrac{a-4}{a}$，$\therefore CF = 3 - \dfrac{a-4}{a}$，$HG = \dfrac{3}{a}$，$\therefore BG = a + \dfrac{3}{a}$，$CG = a - 4 + \dfrac{3}{a}$。

$$\begin{aligned}
\therefore S &= S_{\text{梯形}BEFC} + S_{\triangle FCG} - S_{\triangle BEG} \\
&= \frac{1}{2} \times 4 \left(2 + 3 - \frac{a-4}{a}\right) + \frac{1}{2} \times \left(3 - \frac{a-4}{a}\right)\left(a - 4 + \frac{3}{a}\right) - \frac{1}{2} \times 2\left(a + \frac{3}{a}\right) \\
&= 6 + \frac{6}{a^2}.
\end{aligned}$$

综上所述，$\triangle EFG$ 的面积 $S = \dfrac{6(a^2+1)}{a^2} = 6 + \dfrac{6}{a^2}$。$S$ 的最小整数值为 7。

◆ **案例反思** ◆

通过中考命题，笔者收获良多，每一道试题的打磨，都需考虑多重因素，真正体现出试卷整体的规范性、科学性、导向性、和谐性、选拔性五大功能。从初稿的形成，到每一次调整，再到定稿，都要进行大量的反复的试算、验算；及从不同角度审视：有无科学性错误，是否与预定考查目标吻合，有无偏离考查初衷，站在学生的角度可能会怎样思考。当然在算、验过程中也屡屡会有新的发现，从而不断生成新的视角，也促使我们适时适当对全卷做出调整。

而对于像类似第 27 题这样的"大题目"，其命制过程更应谨慎入微，那种动辄几百字的叙述，图形变化层出不穷，看似交待完整，层层推进，无懈可击的题目，实则与考查方向南辕北辙，因为我们不是仅仅通过这样的测试考查考生的海量文字知识的检索能力，并选拔出凤毛麟角的几个尖子生。这也给我们平时的教学提出警示，不能只是盯住少部分学业成绩优异的学生，因为我们初中阶段的数学课程是培养公民基本素质的课程，具有普及性、基础性、发展性的特点。

细节 17

关注说题

细节阐述

"说题"是近年来教育改革实践中逐渐兴起的一种新型教学研究形式,是指教者或受教育者在精心解题的基础上,通过分析数学题目,清楚表达"如何解题"和相关方法、策略,并说明理论依据,进而适当总结出经验性解题规律。说题不是简单地对解题过程的叙述,更不是对各种解答方法的简单汇总,说题的实质是展现任教者自身对数学知识的掌握程度、数学教学方法的理论功底、数学学习方法的理解水平以及相关教学的前瞻性理论。

作为一种新兴的数学教育教学的研究形式,"说题"显然可以作为一种行之有效的促进教与学的崭新途径,其形式尽管有别于说课,但还是可以看作是说课的某种延续和创新,或者也可以理解成深层次"备题"后的提升、展示。

说题原则上主要是在专题的研讨活动或习题课、复习课中进行,其范围一般是一道典型问题或同一类型问题。说题时,说题者不仅要分析题意,阐明已知条件和待求问题,还需说明如何去解,为什么这样去解,该题设置的目的、依据分别是什么,与课程标准、理念有怎样的联系,对学生数学素养的养成与发展有什么积极的作用等。就形式而言,说题是针对教师群体的培训研讨活动,而就实质而言,教师说题的最终目的是推动学生的说题水平,使学生不只是表达出解题的过程与结果,还能较充分地暴露其思考过程、思维水平,及时反馈纠正可能出现的思维偏差，有效减轻学生"做题"的负担。一般说来，说题主要包括如下几方面内容：一是说题目命题立意，即指明试题的能力层级要求，是属于感知、理解、掌握、应用、迁移中的哪一类要求；二是说解题策略，包括题目的已知条件和问题，如何挖掘其中的隐含条件，如何解题，步骤、格式、表述的重点等；三是说应用的数学思想方法，以及解法的优化、题目的变式及内在联系；四是解题总结，包括解题的特别之处和可以改进的建议等。

学生说题的主要目的是：通过面向全体学生的说，带动全体学生的学，实现全体学生的会。具体实施时，须注意这样几个问题。

一、说题过程要循序渐进

说题活动一般来说大致要经历三个阶段性的过程，即教师示范（学生感悟阶段）→学生模仿（学生体验阶段）→学生正式说题（学生掌握运用阶段）。说题过程中的关键之一是要让学生清楚了解本次说题的目的和要求，明确说题在学习过程中的具体意义和作用，以达到引起学生重视的目的，因此教者要做到示范到位、点拨适当、评价适度。

二、说题内容选择要有广泛性

说题题目的选择应具备典型性、灵活性、综合性。难度上是先易后难，程序上是先课本后课外，知识上是先点后面，数量上是先单一后成批，广度上是先封闭后开放，一般确保各类题型均有涉及。

三、说题的参与者要全面

学生群体间自然有优中差之别，因而说题也必须坚持因材施教的原则，在保证人人参与的基础上又各有侧重，如让优生完成说题全部环节，学困生只说其中某几项内容，也或采取小组内分工与合作的形式，设法充分调动全体学生说题的主动性和积极性，激发所有层次学生的求知欲。

典型案例

揭开中考数学压轴题的"面纱"
——2014年江苏省南通市中考数学压轴题

一、原题呈现

如图,抛物线 $y=-x^2+2x+3$ 与 x 轴相交于 A,B 两点,与 y 轴相交于点 C,顶点为 D,抛物线的对称轴 DF 与 BC 相交于点 E,与 x 轴相交于点 F。

(1) 求线段 DE 的长;

(2) 设过点 E 的直线与抛物线相交于点 $M(x_1,y_1)$,$N(x_2,y_2)$,试判断当 $|x_1-x_2|$ 的值最小时,直线 MN 与 x 轴的位置关系,并说明理由;

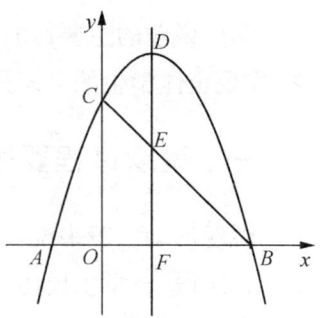

(3) 设点 P 为 x 轴上一点,$\angle DAO+\angle DPO=\angle \alpha$,当 $\tan \angle \alpha=4$ 时,求点 P 的坐标。

二、题目立意与背景出处

南通市中考数学题,在"依标扣本"的基本原则下,体现规范性、科学性、导向性、和谐性、选拔性五大功能,而作为中考压轴题,显然更加需要充分考查考生综合运用知识、独立解决问题的能力,其特点是知识覆盖面广,问题梯度明显,关系条件相对隐蔽,解题思路灵巧而不拘一格。

作为压轴题,主要集中在初中数学主干知识的交汇处命题,最典型的是函数与相似三角形两大知识体系。函数是初中数学的核心知识点,主要归为以下三个方面:函数关系式的表示、函数及其图象的性质、函数的应用及函数思想的形成;相似三角形由于对应边构成比例等式,使其成为初中数学中有关线段长度计算的重要工具,主要内容包括:三角形相似的条件,利用相似比建立方程来解决问题中的中间量等。本题正是以二次函数为主要背景,考查了其图象上的特殊点,与一次函数、一元二次方程的联系,与相似三角形的综合应用等。

三、解答策略

解决中考压轴题,关键是抓住"题眼",与一般中考压轴题类似,本题在大题下有三个小题,难易程度是第(1)小题较易,第(2)小题中等,第(3)小题相对灵活。在解答时一定要确保把第(1)小题的分数拿到位,第(2)小题的分数争取拿全,第(3)小题的分数尽可能多拿,这样就大大提高了获得中考高分的可能性。在这里要明确中考解答题是分段得分:一道中考压轴题做不出来,不等于一点不懂,一点不会,要将片段的思路转化为得分点。因此,要理解多少做多少,最大限度地发挥自己的水平,把中考数学的压轴题变成最有价值的压台戏。

参考解答:

(1) 由题意,得 $C(0,3)$, $B(3,0)$, $D(1,4)$,则直线 BC 的表达式为 $y=-x+3$。

∵抛物线对称轴与 BC 相交于点 E,∴$E(1,2)$。

∴$DE=2$。

(2) 设直线 MN 为 $y=kx+b$,∵它过点 $E(1,2)$,∴$b=2-k$。

∴直线 MN 的表达式为 $y=kx+2-k$。将 $y=kx+2-k$ 代入 $y=-x^2+2x+3$,整理得 $x^2+(k-2)x-k-1=0$。解这个方程,得 $x=\dfrac{-k+2\pm\sqrt{k^2+8}}{2}$。

∴$|x_1-x_2|=\left|\dfrac{-k+2+\sqrt{k^2+8}}{2}-\dfrac{-k+2-\sqrt{k^2+8}}{2}\right|=\sqrt{k^2+8}$。

∴当 $|x_1-x_2|$ 的值最小时,$k=0$。此时直线 MN 与 x 轴平行。

(3) ① 当点 P 在点 A 的左侧时,连接 DP,DA,DO(如下图)。

∵$\tan\angle\alpha=4$,$\tan\angle DOF=4$,

∴$\angle DOF=\angle\alpha=\angle DAO+\angle DPO$,又 $\angle DOF=\angle DPO+\angle PDO$。

∴$\angle DAO=\angle PDO$。可得 $\triangle OAD\sim\triangle ODP$。

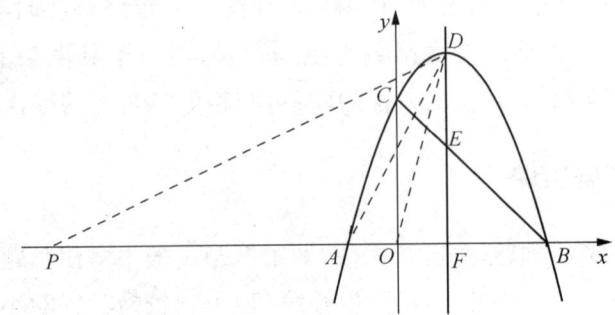

∴ $\dfrac{OA}{OD}=\dfrac{OD}{OP}$,即 $OD^2=OA \cdot OP=17$。

解得 $OP=17$,∴点 P 坐标为 $(-17,0)$。

② 当点 P 在点 A 的右侧时,由轴对称性质,得点 P 坐标为 $(19,0)$。

综上所述,满足条件的点 P 坐标为 $(-17,0)$ 或 $(19,0)$。

四、蕴含的思想方法

纵观全题,不难发现本题在思想方法层面进行了较好的挖掘:

(1) 以平面直角坐标系为桥梁,运用数形结合思想。通过建立点与数即坐标之间的对应关系,一方面可用代数方法研究几何图形的性质,另一方面又可借助几何直观,得到某些代数问题的解答。

(2) 以抛物线、直线知识为载体,运用函数与方程思想。抛物线与直线是初中数学中的两类重要函数,即二次函数与一次函数所表示的图形,因此,无论是求其解析式还是研究其性质,都离不开函数与方程的思想。

(3) 利用条件或结论的多变性,运用分类讨论的思想。分类讨论思想可用来检测学生思维的准确性与严密性,常常通过条件的多变性或结论的不确定性来进行考查,在本题中,如果最后不注意对 P 点在 x 轴上位置分类讨论,就有可能造成漏解。

(4) 综合多个知识点,运用等价转换思想。任何一个数学问题的解决都离不开转换的思想,初中数学中的转换大体包括由已知向未知,由复杂向简单的转换，而作为中考压轴题，更要注意不同知识之间的联系与转换，中考压轴题所考查的并非孤立的知识点，也并非个别的思想方法，它是对考生综合能力的一个全面考查，所涉及的知识面广，所使用的数学思想方法也较全面。比如本题的第(3)问，如果不能由 $\tan\angle\alpha=4$，$\tan\angle DOF=4$，将 $\angle\alpha$ 转换为 $\angle DOF$ 来研究，就很难将图中多个角联系起来，也就难以顺利找到 P 点的位置。

五、拓展引申

解题教学的核心之一是"以题促学"，"学"的意义就是让学生感悟、领悟，从而真正达到自我独立解决问题的层次。因此，我们要引领学生跳出题目看题目，既要看相关类似的知识点，更要能从宏观把握解题的要领。对于第(2)小题，我们可追寻它的一般原型，即若点 K 为第一象限内抛物线上的一点，过 K 作 y 轴的平行线，交 BC 于点 Q，求 KQ 长度的最大值 $\left(\dfrac{9}{4}\right)$。设此时过点 Q 的直线与抛物线相交于点 $M(x_1, y_1), N(x_2, y_2)$，试判断当 $|x_1-x_2|$ 的值最小时，直线 MN 的解析式 $(y=-x+3)$。

对于第(3)小题，很容易让人联想到高中教材内容中的两角和的正切公式 $\tan(\alpha+\beta)=\dfrac{\tan\alpha+\tan\beta}{1-\tan\alpha\tan\beta}$，但命题时确实未曾想过提前渗透，更未曾想考查高中相关知识点，但无心插柳柳成荫，反而为用初中生的观点看待这一公式提供了一个独特的视角，未尝不是一个亮点。

对于解中考压轴题这样的综合题型，学生最主要的问题是在解题过程中出现了思维困惑后，不能抓住问题的本质特征去寻找合理的突破口，这也需要考生自身加强自我监控，即无论是对问题无从下手，还是遇到挫折、出现错误，选择重复仔细地阅读问题应是一个明智的选择。

◆ 案例反思 ◆

平常数学教学中的说题往往是和数学课堂教学实践活动结合在一

起的,在"说"的过程中,既发挥了教师的主导作用,又促使教师自身的教育理论水平得以提升,也有利于充分发挥集体的智慧。说题者需努力"借题发挥",寻求现代数学教育教学理论的支撑,评价者也需理性分析,积极反馈,双方在形成共识的过程中思想、理念得到碰撞、比较,可以相互鉴别、借鉴,产生案例示范与理论修养两方面的收益,促进各自数学专业化的进一步发展。

学校数学学科组、学校之间、地区之间都可以开展不同层次的说课交流活动,可以是纯展示研讨式的,也可以是竞赛性质的,无论何种形式,都可以促进广大数学教师对典型例题、习题、试题的深入研究,从而更有利于教师准确把握数学教学方向,发挥"题目"的多重价值作用。

细节 18

关注微课

➤ 细节阐述

作为一种悄然兴起的新型的教研形式,"微课"正愈来愈受到一线教师的广泛重视。微课就是指微型课,是按照最新颁布的国家课程标准及教学实践要求,针对某个学科知识点(如单元模块、概念、重点、难点、考点、技能等)或教学环节(如学习探究活动、主题、实验、任务等)而精心设计开发的,以视频为主要媒体形式的数字教学资源。微课能有效促进教与学方式的转变和教育的均衡发展,一般要求短小精悍,能够解决一个或一类问题,包括讲解操作的视频和音频。

微课的典型形式一般有如下几种:围绕某个具体问题专门设计的微课;课堂教学中的某个精彩片段;某课时内容拆分为几个典型环节等。如果说我们的平时课堂教学是一顿丰盛的盛宴,那么微课就是盛宴的精华所在或餐后水果,它可以针对不同层次的学生、不同类别的课型予以设计。

一、微课视频

微课视频是微课资源的呈现的最重要的组成部分,是围绕能体现新课程标准的学科主题知识点,用视频形式呈现的教学资源,时间长度一般在 10 分钟以内。微课视频一般用于解释知识点的核心概念或内容、方法演示、知识应用讲解。以帮助学生解决学习中遇到的难点和疑点为目标,辅助学生更好地理解和掌握学科知识点,让学生在课前可以预习、课后可以复习,能更好地满足学生对不同学科知识点的个性化学习、按需选择学习,既可查缺补漏又能强化巩固知识。

二、微课资源的开发原则

1. 符合国家教育方针与政策,符合国家的有关法律、法规、方针政策,无政治性、知识性、科学性错误。

2. 符合课程标准的要求,教学目标清晰、定位准确,重难点突出,能够帮助学生理解和应用知识,发展学生基本学科思想。

3. 遵循教育规律、符合各学段学生的认知特点,生动活泼、启发性和引导性强,能激发学生学习的主动性和积极性。

4. 适应多种技术条件应用的需求,要充分考虑网络技术与微课资源的结合,有利于资源在各种平台环境中的共享。

5. 内容针对相关地区所用的教材版本。

➤·典型案例 1·◄

心有灵犀一"点"通——运动型压轴题中最短路径问题例析

最短路径问题源于生产生活实际,对生产生活具有现实的指导作用,因而历来受到重视。现行人教版初中数学教材对此配备了三道典型例习题,例如:

七年级下册(造桥选址问题):如图1,A、B两地在一条河的两岸。现要在河上造一座桥MN。桥造在何处才能使从A到B的路径$AMNB$最短?(假定河的两岸是平行的直线,桥要与河垂直)

八年级上册(输气管线问题):如图2,要在燃气管道l上修建一个泵站,分别向A,B两镇供气。泵站修在管道的什么地方,可使所用的输气管线最短?

八年级上册(牧马饮水问题):如图3,A为马厩,B为帐篷,牧马人某一天要从马厩牵出马,先到草地边某一处牧马,再到河边饮马,然后回到帐篷。请你帮他确定这一天的最短路线。

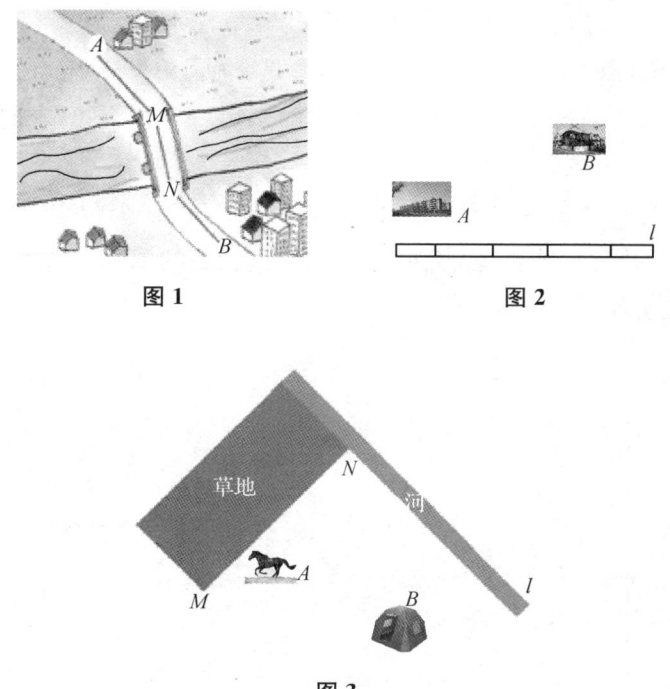

图1

图2

图3

　　从上述三题可看出,最短路径问题涉及的相关知识点主要有"两点之间线段最短"、"垂线段最短"、"轴对称图形的性质"、"图形的平移"等。解决此类问题的主要思路是寻找关键"点"关于某直线的对称点,即实现化"曲"为"直"。

　　最短路径问题一直是各省市中考命题中的热点题型,而从近年考查趋势看,除了传统的通过在角、三角形、矩形、菱形、正方形、梯形、圆等几何情境中进行变式考查外,更多的已出现在压轴题中,特别是以坐标系、函数图象等为背景的运动型压轴题中出现的最短路径问题,一般考点设置隐晦,难度系数较大,需要考生心有灵犀,抓住问题实质,探寻关键"点",以求得问题解决。

　　例1　(浙江省衢州市中考题)如图4,已知点 $A(-4,8)$ 和点 $B(2,n)$ 在抛物线 $y=ax^2$ 上。

　　(1) 求 a 的值及点 B 关于 x 轴对称点 P 的坐标,并在 x 轴上找一点 Q,使得 $AQ+QB$ 最短,求出点 Q 的坐标;

(2) 平移抛物线 $y=ax^2$，记平移后点 A 的对应点为 A'，点 B 的对应点为 B'，点 $C(-2,0)$ 和点 $D(-4,0)$ 是 x 轴上的两个定点。

① 当抛物线向左平移到某个位置时，$A'C+CB'$ 最短，求此时抛物线的函数解析式；

② 当抛物线向左或向右平移时，是否存在某个位置，使四边形 $A'B'CD$ 的周长最短？若存在，求出此时抛物线的函数解析式；若不存在，请说明理由。

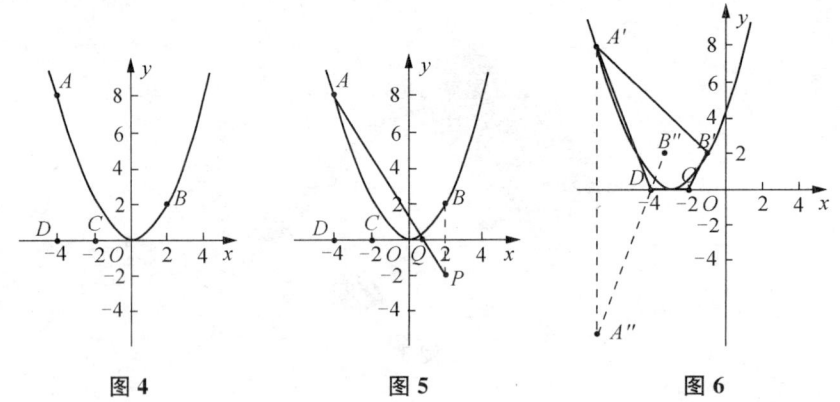

图 4　　　　　　　图 5　　　　　　　图 6

解析　本题层次分明，涉及三种不同情境下探寻关键"点"从而分别确定最短路径。其中第(1)小题类似输气管线问题，直接求得抛物线 $y=\dfrac{1}{2}x^2$ 和点 P 坐标 $(2,-2)$ 后(如图 5)，只要探寻出 AP 与 x 轴交点即为所求点 Q，其坐标是 $\left(\dfrac{4}{5},0\right)$。

第(2)小题涉及抛物线的平移，其中第①问可看作第(1)小题的升级版，最快捷的解法是逆向思考，即 $C(-2,0)$ 向右平移 $\dfrac{14}{5}$ 个单位长度可到达 $Q\left(\dfrac{4}{5},0\right)$，那么反过来将抛物线 $y=\dfrac{1}{2}x^2$ 向左平移 $\dfrac{14}{5}$ 个单位长度时对应的 $A'P'$ 经过点 C，就能确保 $A'C+CB'$ 最短，此时抛物线的函数解析式为 $y=\dfrac{1}{2}\left(x+\dfrac{14}{5}\right)^2$。

第(2)小题第②问在抛物线平移的基础上涉及两个定点 C 和 D，

难度系数陡增,且需分类讨论向左和向右两种不同方向下的情形。而因为线段 $A'B'$ 和 CD 的长是定值,所以要使四边形 $A'B'CD$ 的周长最短,只要使 $A'D+B'C$ 最短,这样可借鉴造桥选址问题。当抛物线向右平移时,易结合图形推得 $A'D+B'C>AD+BC$,因而此时不存在某个位置,使四边形 $A'B'CD$ 的周长最短。

当抛物线向左平移时,设平移了 b 个单位长度(如图6),则点 A' 和点 B' 的坐标分别为 $A'(-4-b,8)$ 和 $B'(2-b,2)$。

设 A' 关于 x 轴对称点的坐标为 $A''(-4-b,-8)$,要使 $A'D+B'C$ 最短,则需 $A''D+B'C$ 最短,但此时 $A''D$ 与 $B'C$ 不在同一直线上,而 $CD=2$,因此将点 B' 向左平移 2 个单位长度得 $B''(-b,2)$,易得 $B''D=B'C$,即需 $A''D+B''D$ 最短,显然点 D 应在直线 $A''B''$ 上,将点 $D(-4,0)$ 代入直线 $A''B''$ 的解析式 $y=\frac{5}{2}x+\frac{5}{2}b+2$,解得 $b=\frac{16}{5}$。故将抛物线向左平移 $\frac{16}{5}$ 个单位长度时,使四边形 $A'B'CD$ 的周长最短,此时抛物线的函数解析式为 $y=\frac{1}{2}\left(x+\frac{16}{5}\right)^2$。

例2 (北京市中考题)如图7,在平面直角坐标系 xOy 中,△ABC 三个顶点的坐标分别为 $A(-6,0)$,$B(6,0)$,$C(0,4\sqrt{3})$,延长 AC 到点 D,使 $CD=\frac{1}{2}AC$,过点 D 作 $DE\parallel AB$ 交 BC 的延长线于点 E。

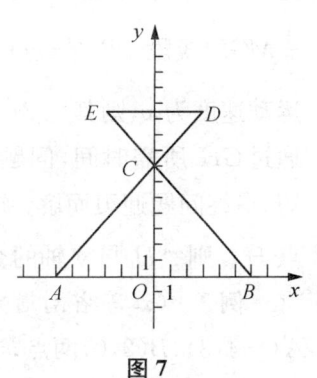

图7

(1)求 D 点的坐标;

(2)作 C 点关于直线 DE 的对称点 F,分别连接 DF、EF,若过 B 点的直线 $y=kx+b$ 将四边形 $CDFE$ 分成周长相等的两个四边形,确定此直线的解析式;

(3)设 G 为 y 轴上一点,点 P 从直线 $y=kx+b$ 与 y 轴的交点出发,先沿 y 轴到达 G 点,再沿 GA 到达 A 点,若 P 点在 y 轴上运动的速度是它在直线 GA 上运动速度的 2 倍,试确定 G 点的位置,使 P 点按

照上述要求到达 A 点所用的时间最短。(要求:简述确定 G 点位置的方法,但不要求证明)

解析 本题(1)(2)两问属常规题型,略解如下(如图8):

(1) D 点的坐标为 $(3, 6\sqrt{3})$;

(2) 易证四边形 $CDFE$ 为菱形,过 B 点符合条件的直线必过菱形 $CDFE$ 对角线交点 $M(0, 6\sqrt{3})$,其解析式为 $y = -\sqrt{3}x + 6\sqrt{3}$。

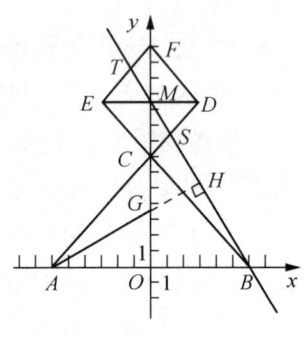

图8

第(3)问是本题最难点,极易造成考生得分差距,尽管题中没有要求证明,考生完全可以大胆猜想、假定结论,但很多同学还是无从下手确定 G 点。其实我们静心分析,首先找出症结所在,即本题突破常规之处就在于其动点 P 在两种不同方向上运动的速度不一致,如果能转化为相同速度运动问题,就可以联系类比先前路径最短问题模型了。而结合图中 $\angle BMG = 30°$,显然可以通过构造含 $30°$ 角的直角三角形,找出等于 $\frac{1}{2}MG$ 的线段。于是过点 G 作 $GH \perp BM$ 于点 H,设 P 点在直线 GA 上运动速度为 v,则其以 $2v$ 速度通过 MG 所需时间就等同于它以 v 速度通过 GH 所需时间,问题豁然开朗,即 G 点在何位置时 $GA + GH$ 最短,最终问题迎刃而解,须有 $AH \perp BM$,即可以过 A 点作 $AH \perp BM$ 于点 H。则 AH 与 y 轴的交点为所求的 G 点 $(0, 2\sqrt{3})$。

例3 (江苏省南通市中考题)已知抛物线 $y = ax^2 + bx + c$ 经过 $A(-4, 3)$、$B(2, 0)$ 两点,当 $x = 3$ 和 $x = -3$ 时,这条抛物线上对应点的纵坐标相等。经过点 $C(0, -2)$ 的直线 l 与 x 轴平行,O 为坐标原点。

(1) 求直线 AB 和这条抛物线的解析式;

(2) 以 A 为圆心,AO 为半径的圆记为⊙A,判断直线 l 与⊙A 的位置关系,并说明理由;

(3) 设直线 AB 上的点 D 的横坐标为 -1,$P(m, n)$ 是抛物线 $y =$

ax^2+bx+c 上的动点,当 △PDO 的周长最小时,求四边形 CODP 的面积.

解析 本题初看起来平淡无奇,特别是(1)(2)两问关系简洁明了,学生极易入手,其中第(1)问中直线 AB 的解析式为 $y=-\frac{1}{2}x+1$,抛物线的解析式为 $y=\frac{1}{4}x^2-1$(如图9);

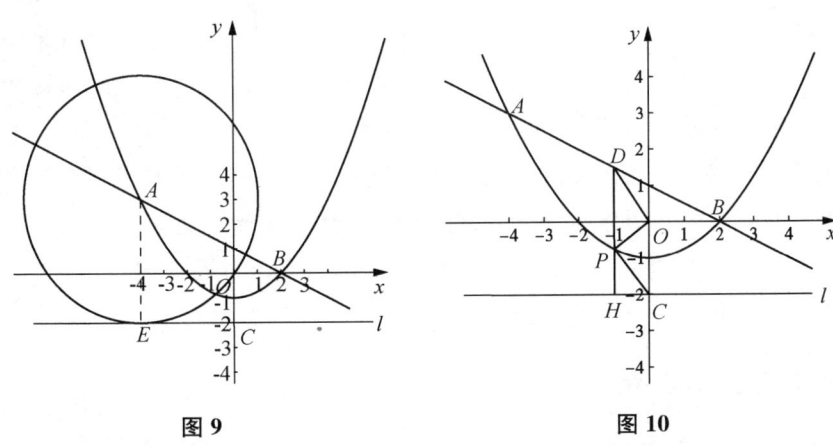

图9　　　　　　图10

第(2)问中算得 $AO=5$,得⊙A 的半径为5,而点 A 到直线 l 的距离也为5,因此直线 l 与⊙A 相切;到第(3)问时情形急转直下(如图10),尽管学生不难求得 D 点坐标为 $\left(-1,\frac{3}{2}\right)$,从而知 DO 的长度为定值,因而当 △PDO 的周长最小时应有 PD+PO 最小,但对此意味着什么大多数学生仍一筹莫展。殊不知,这正是本题精髓之所在,也是命题者匠心独运之处,由 P 点所在抛物线解析式的形式特征,可求得 $PO=\sqrt{m^2+n^2}=\sqrt{m^2+\left(\frac{1}{4}m^2-1\right)^2}=\frac{1}{4}m^2+1$,过点 P 作 PH⊥直线 l 于 H,则 $PH=n+2$,也为 $\frac{1}{4}m^2+1$,由此得到 $PH=PO$,问题终于"柳暗花明",即当 D、P、H 三点在一条直线上时,PD+PH 最小,等同于 PD+PO 最小,此时点 P 的横坐标为 -1,代入抛物线的解析式,得 $n=-\frac{3}{4}$,所以点 P 为 $\left(-1,-\frac{3}{4}\right)$,最终求得四边形 CODP 的面积为:

$$S_{四边形\textit{ODP}} = S_{\triangle PDO} + S_{\triangle PCO}$$
$$= \frac{1}{2} \times \left(\frac{3}{2} + \frac{3}{4}\right) \times 1 + \frac{1}{2} \times 2 \times 1 = \frac{17}{8}。$$

◆ 案例反思 ◆

本微课是九年级中考复习过程中对最短路径问题的一个综合运用,通过上述几例我们不难发现,中考压轴题中对最短路径问题的考查已屡见不鲜,并且题型设置愈发"隐蔽",既重视常规模型的考查,更注重命制形式的创新。学生尽管可能对教材原有模型较为熟悉,但这毕竟不完全是教材的翻版,也就更需要考生在临场情境中慧眼识金、心有灵犀,从而寻得"点金之点",通向问题解决之径。这也提醒我们教师在教学中应充分发挥学生的主观能动性,因为纯粹地想让学生通过简单模仿往往难以奏效,必须不断加强变式训练,找准其最近发展区,真正提升学生解决问题的能力。

▶•典型案例2•◀

类比研究,探讨发现——等边三角形的性质

1. 温故知新

大家已经学习了一种特殊的三角形——等腰三角形,我们先来回顾一下相关知识点。等腰三角形是指有两边相等的三角形,而它的性质包括"等边对等角;三线合一;轴对称性"。这样连同定义,考查等腰三角形的性质可概括为从边看、从角看、从重要线段看,以及从对称性看四个维度,而等腰三角形的判定除了定义外主要是根据"等角对等边"。

通过刚才的回顾,我们不难觉察,研究一种几何图形的一般思路是研究其定义、性质、判定。

2. 类比探讨

遵循这一思路,我们本节微课来探讨一种更为特殊的三角形——

等边三角形,我们也将从定义、性质、判定三个方面对其进行研究,限于时间,其判定将放在后续学习中讨论。

对于等边三角形,大家并不陌生,是指三边都相等的三角形,而对照等腰三角形的定义,等边三角形显然是一种更为特殊的等腰三角形,我们也称其为正三角形。再看等边三角形的性质,类比等腰三角形的性质,也可从边、角、重要线段、轴对称性四个维度来探讨。对于边,从刚才的定义就可以看出,等边三角形三边都相等,而依据这一边的关系,又很容易通过"等边对等角"转化为角的关系,意即只要有两边相等,就可得所对两角相等,以此类推,从而得到等边三角形三个内角都相等,且由于三角形内角和为 180°,因而这三个内角都等于 60°。

再看重要线段,意即等边三角形的中线、高、角平分线之间有什么联系呢?有同学肯定会想到等腰三角形三线合一,事实上,作为更为特殊的等腰三角形,等边三角形自然具有三线合一的性质,而且,由于任何两边都类似于"腰",任何一边都类似于"底",因而等边三角形各边上的中线、高和所对角的平分线都互相重合,由此也明确了等边三角形肯定也是轴对称图形,并且有 3 条对称轴。

这样,我们理清了等边三角形所具有的性质,为了便于大家更清晰地领会,我们可将等边三角形与等腰三角形的相关性质予以对照比较。

3. 典例剖析

下面我们以几道例题来加强对等边三角形的性质的理解。

例 1 如图,已知 $\triangle ABC$ 是等边三角形,BD 是中线,$BD=6$,延长 BC 至 E,使 $CE=CD$。求 DE 长。

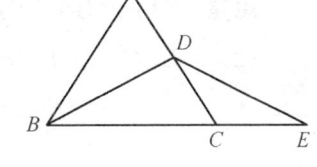

思考 1 由 $\triangle ABC$ 是等边三角形,BD 是中线,能得出什么结论?

$\angle ABC = \angle ACB = 60°$,$\angle DBC = \dfrac{1}{2} \angle ABC = 30°$。

思考 2 由 $CE=CD$,能得出什么结论?

$\angle E = \angle CDE = \dfrac{1}{2}\angle ACB = 30°$。

思考 3 由图中角之间的关系,还能得出哪些边之间的关系？

由$\angle E = \angle DBC$,得出$DE = DB = 6$。

启示：三角形中特殊的边角关系一般可以互化。

例 2 如图,点 A 是线段 BC 上一点,△ABD,△ACE 都是等边三角形,BE,CD 交于点 F。（1）求证：$BE = CD$；（2）求$\angle CFE$ 的度数。

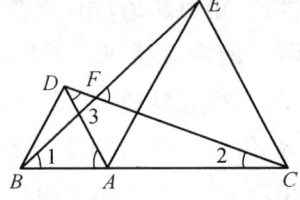

思路 （1） $AB = AD$, $AE = AC$,
$\angle BAD = \angle EAC = 60°$,

得$\angle BAE = \angle DAC$,

∴△$BAE \cong$ △DAC(SAS)。

(2) $\angle CFE = \angle 1 + \angle 2$
$= \angle 3 + \angle 2$
$= \angle BAD = 60°$。

启示：充分考虑利用三角形的边角关系（包括三角形外角的性质）。

4. 巩固练习

如图,△ABD,△ACE 都是等边三角形,BE,CD 相交于点 F。（1）求证：$BE = CD$；(2)求$\angle BFC$ 的度数。

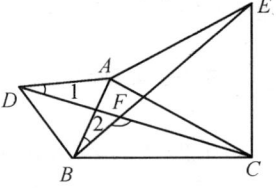

思路 （1）△$BAE \cong$ △DAC(SAS)。

(2) $\angle BFC = \angle BDF + \angle DBF$
$\qquad = \angle 60° - \angle 1 + 60° + \angle 2 = 120°$。

5. 总结反思

等边三角形的定义：三条边都相等的三角形叫作等边三角形。

等边三角形的性质：

(1) 等边三角形的内角都相等,且等于$60°$；

(2)等边三角形各边上中线、高和所对角的平分线都三线合一;

(3)等边三角形是轴对称图形,有三条对称轴。

主要思想:三角形边角关系互相转化。

◆ 案例反思 ◆

本节微课通过复习等腰三角形的定义、性质、判定,由学生熟悉的知识点出发,温故知新,正向迁移,并进一步领会学习研究几何图形的一般策略,即从定义、性质、判定等方面入手。

在明确揭示课题后,提出通过与等腰三角形进行类比,也将从定义、性质、判定三个方面研究探讨等边三角形,体现了类比学习的思想,并让学生学会从一般深化到特殊情形,促使其从更深层次理解相关图形。而采用表格的方式呈现相关知识点,更加条目清楚,利于学生对比掌握。

通过典型例题的剖析,进一步引导学生加深对等边三角形性质的理解,并着重领会三角形中特殊的边角关系一般都可以互相转化。进一步学会将等边三角形的性质运用于较为复杂的图形中,并善于结合使用全等三角形、三角形的外角等知识点综合解决有关问题。

通过巩固练习,学以致用,进一步熟悉领会等边三角形的性质。

最后以小结促反思,提纲挈领,从更高层次审视等边三角形的性质,进一步领会三角形边角互相转化的思想。

➤•典型案例3•≺

挨"边"沾"角",反向思考
——如何判定一个三角形是等边三角形

1. 温故思考

我们知道,研究一个几何图形的一般策略是从定义、性质、判定等方面入手。

在前面的学习中,大家已经熟悉了等边三角形的定义和性质,即等边三角形的定义是三条边都相等的三角形叫作等边三角形。其性质是:

等边三角形的内角都相等,且等于60°;

等边三角形各边上中线、高和所对角的平分线都三线合一;

等边三角形是轴对称图形,有三条对称轴。

但反过来,给我们一个三角形,我们又该如何判定它是否为等边三角形呢?本节微课,我们就带领大家一起来探讨这一课题。

2. 探讨新知

一个图形的定义往往兼有性质和判定两方面属性,判定一个三角形是否为等边三角形,可以首先结合等边三角形的定义来看,由于三条边都相等的三角形就叫作等边三角形,因此这可以看作是最基本的判定等边三角形的方法,即三边都相等的三角形就是等边三角形。这一判定如果用几何符号语言来陈述就是"∵ $AB=BC=AC$,∴ $\triangle ABC$ 是等边三角形"。

在研究等腰三角形时,我们可通过"等角对等边"来判定一个三角形是等腰三角形,这说明三角形中特殊的边角关系可以互化,这也就启发了我们,是否也可从角出发,判定一个三角形是否为等边三角形。事实上,如果一个三角形三个角都相等,我们可由其中任意两角相等,得出相应的两对边相等,也就可以得出该三角形任意两边相等,从而三边都相等,也就间接得到该三角形也是等边三角形。这样,我们得出了等边三角形的又一种判定方法,即"三个角都相等的三角形是等边三角形",这一判定方法用几何符号语言来陈述就是"∵ $\angle A=\angle B=\angle C$,∴ $\triangle ABC$ 是等边三角形"。

刚才我们探讨了给出一个一般三角形,可以从三边或三角的特殊关系判定它是否为等边三角形,假如现在给我们一个三角形,已经知晓了它有两边相等,即它已经是等腰三角形了,那可以再添加什么条件就能判定它是等边三角形呢?可能有同学想,添加第三边也相等不就行了,确实如此,这样就回到了定义去判定了。还能添加什么条件呢?我们能否添加一个特殊角给它呢?显然,由于等边三角形三个角都是60°,若想添加角,只需添加一个60°的角给它即可,大家思考一下这是为什么?很显然,因为原三角形已是等腰三角形,两底角相等,而添加一个 60° 的角,若这个角是顶角,则两底角也各为 60°;若这个角是一底角,则另一底角也是 60°,从而顶角就是 60°,这样,均可推导出原三角形三个角都相等,都是 60°,从而该三角形是等边三角形。由此,我们得出等边三角形的第三种判定方法,"有一个角是 60° 的等腰三角形是等边三角形"。用几何符号语言来陈述就是"∵ $\angle A = 60°$,$AB = AC$,∴ $\triangle ABC$ 是等边三角形"。

3. 典例剖析

下面我们以几道例题来加强对等边三角形的判定的理解。

例 1 如图,$\triangle ABC$ 是等边三角形,$DE \parallel BC$,分别交 AB,AC 于点 D,E。求证:$\triangle ADE$ 是等边三角形。

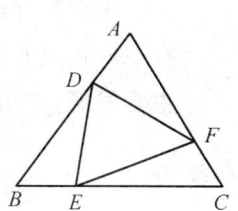

证明:∵ $\triangle ABC$ 是等边三角形,

∴ $\angle A = \angle B = \angle C$。

∵ $DE \parallel BC$,

∴ $\angle ADE = \angle B$,$\angle AED = \angle C$。

∴ $\angle A = \angle ADE = \angle AED$。

∴ $\triangle ADE$ 是等边三角形。

思考:若将 $DE \parallel BC$ 改为 $AD = AE$ 呢?

若将 $DE \parallel BC$ 改为 $\angle ADE = 60°$ 呢?

例 2 如图,在等边三角形 ABC 的三边上,分别取点 D,E,F,使 $AD = BE = CF$。求证:$\triangle DEF$ 是等边三角形。

证明:∵ $\triangle ABC$ 是等边三角形,

∴ $\angle A = \angle B = \angle C$,$AB = AC = BC$。

∵ $AD = BE = CF$,

∴ $AB - AD = BC - BE = AC - CF$,

即 $BD = CE = AF$,

∴ $\triangle ADF \cong \triangle BED \cong \triangle CFE$(SAS)。

∴ $DF = DE = EF$,

∴ $\triangle DEF$ 是等边三角形。

4. 巩固练习

如图，E 是等边 $\triangle ABC$ 中 AC 边上的点，$\angle 1=\angle 2$，$BE=CD$，则对 $\triangle ADE$ 的形状最准确的判断是（　　）

A．等腰三角形
B．等边三角形
C．不等边三角形
D．不能确定形状

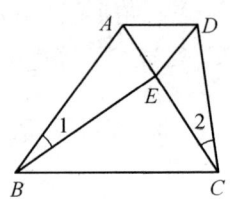

分析　∵ $\triangle ABC$ 是等边三角形，

∴ $\angle BAC=60°$，$AB=AC$。

∵ $\angle 1=\angle 2$，$BE=CD$，

∴ $\triangle ABE \cong \triangle ACD$（SAS）。

∴ $AE=AD$，$\angle CAD=\angle BAC=60°$，

∴ $\triangle ADE$ 是等边三角形。

5. 总结反思

等边三角形的定义：三条边都相等的三角形叫作等边三角形。
等边三角形的性质：
等边三角形的内角都相等，且等于 $60°$；
等边三角形各边上中线、高和所对角的平分线都三线合一；
等边三角形是轴对称图形，有三条对称轴。
等边三角形的判定：
三个角都相等的三角形是等边三角形。
有一个角是 $60°$ 的等腰三角形是等边三角形。
主要思想：三角形边角关系互相转化。

◆ 案例反思 ◆

本节微课从研究几何图形的一般策略入手，让学生回顾等边三角形的定义、性质，从而自然过渡到等边三角形的判定上来。揭示课题后，从等边三角形的定义所具有的双重属性入手，自然得出等边三角形

的第一类判定方法。而结合等腰三角形的判定,引申推广,得到等边三角形的第二类判定方法。

在此基础上,探讨由等腰三角形向等边三角形过渡的第三类判定方法。采用表格的方式呈现相关知识点,更加条目清楚,利于学生对比掌握。

通过典型例题的剖析,进一步引导学生加深对等边三角形判定的理解,并着重领会三角形中特殊的边角关系一般都可以互相转化。进一步学会运用等边三角形的性质,解决等边三角形的判定问题。而通过巩固练习,学以致用,进一步熟悉领会等边三角形的性质和判定。以小结促反思,提纲挈领,从更高层次审视等边三角形的性质与判定,进一步领会三角形边角互相转化的思想。

细节 19

几何教学中的辅助工具

在教学实践中,教师是真正的主动决策者,因此,提升教师的自身实践能力,变革教师惯性工作方式是实现课堂教学效益最大化的真正有效途径,包括教师课前预设的能力、课堂组织能力、模仿借鉴能力、随机应变能力、课堂重组能力、课后反思能力等等。

伴随着多媒体技术的推广、普及,多媒体辅助教学正日趋盛行,但并不表明传统的辅助教学工具已失去用武之地。事实上,因独具特色,很多传统辅助工具仍被广大教师爱不释手,特别是在初中几何学习阶段,使用最普遍的工具有直尺、三角板、圆规、量角器等。除此之外,还有一些常见的辅助工具,它们大多或者可由上述工具改进、拼装而来,或者可利用纸片、木条等普通材料简单加工而成。而从其用途看,一般可分为测量类工具、作图类工具、拼图类工具、综合类工具等。

一、测量类工具

此类工具中常见的有对顶角量角器、测倾器等。

1. 对顶角量角器

对顶角量角器的设计原理是对顶角的性质——对顶角相等。其制作相当简单(如图1),只需在半圆仪量角器直径上镶上木条,再在圆心处用钉子加一根略短一些的指针木条即可。利用对顶角量角器可以测量获得类似如图所示工件的相关数据。

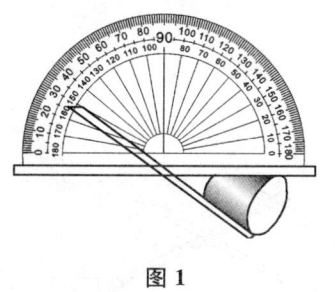 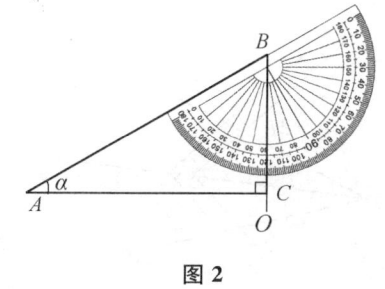

图 1　　　　　　　　　　　图 2

2. 测倾器

简易测倾器的制作也是借助于半圆仪量角器,在其圆心处固定一根细线,在另一端系一个小重物,就可以用它来测量倾斜角了(如仰角或俯角或坡角)。其工作原理(如图 2):假设人的眼睛位于 A 处,当测倾器的直径处于眼睛与所要观察物体部位的连线上时,从测倾器上可读出 $\angle ABC$ 的度数,其余角即为所需测量的倾斜角的大小。利用测倾器,再借助解直角三角形的知识,就能很容易地计算出底部可以到达的物体的高度,不过,计算中不要忘了加上测倾器本身所处的高度。

二、作图类工具

此类工具中常见的有角尺、放缩尺、比例规、黄金三角板等。

1. 角尺

角尺是应用最为广泛的作图工具之一,其构成就是两根具有公共端点的互相垂直的直尺。生产实践中人们常利用角尺平分一个任意角。如图 3,在 $\angle AOB$ 的边 OA、OB 上分别截取 $OM=ON$,适当移动角尺,使其两边相同的刻度分别与 M、N 重合,过角尺顶点 C 作射线 OC,则根据"边边边"定理可知 $\triangle OMC \cong \triangle ONC$,从而 OC 平分 $\angle AOB$。

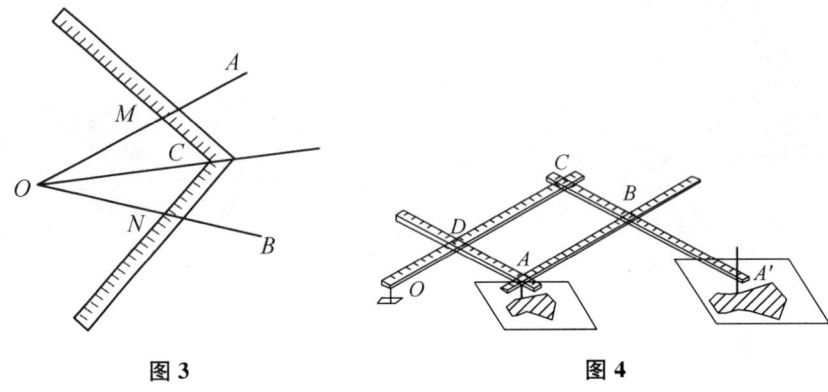

图 3　　　　　　　　　　　图 4

2. 放缩尺

放缩尺是一种能把图形按照指定的比放大或缩小的绘图工具，它是利用位似变换原理设计的，具体地说，是利用平行四边形的性质和相似三角形对应边成比例的关系来进行运作的。制作简易放缩尺只需准备四根细木条、螺丝钉、铁钉、画笔等，将四根木条标上一定的刻度线，并顺次连接好，形成平行四边形状（如图 4）。作图时，根据放大或缩小的需要，在放缩尺的相应刻度用笔画原来图形，放缩尺另一端的画笔即可画出放大或缩小的图形。

3. 比例规

比例规又叫扇形圆规，据说是伽利略在 1597 年左右发明的，其原理是利用相似三角形的性质，即相似三角形的对应线段成比例。比例规的制作工艺相对要求较高（如图 5），它由相等的两个"脚"构成，两脚中间有纵沟，沟里有可以移动的游标滑块。游标滑块上装有可以固定的螺丝母，使用时可任意移动游标滑块。比例规的两脚钢架上有刻度，分别标有长度、平面、体积和圆度的刻度数值的比例，游标滑块上刻有标准线。使用时首先略松游标滑块上的螺丝母，对准比例规

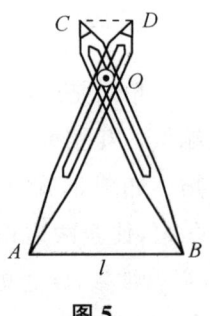

图 5

两针尖,移动游标滑块,并使滑块上的标准线对准比例规上所需的刻度线,随手旋紧螺丝母;然后分开两针脚,将两长针尖对准一致的任何距离,则两段针尖间的距离即为所求的数据。平面上的刻度是代表两个相似平面面积的倍数比例关系,两个相似平面对应线段长度就反映在两对钢针尖之间的距离上。

比例规既是测量工具,又是作图工具,利用它可以解决许多问题,例如:

(1) 分已知线段为若干个相等的部分;

(2) 变更绘图的比例;

(3) 在绘图中,由图里的已知量 a, b, c,求第四比例量(即求 x,使得 $a:b=c:x$);

(4) 如果以数的平方在一个脚尺上作刻度,便可求数的平方与平方根;

(5) 利用特制的比例规,还可以根据算好的刻度测出单位圆的特定度数的弧所对应的弧长,反之,可以根据弧长求角度,即作为量角器用。

4. 黄金三角板

所谓"黄金三角板",其实就是用顶角为 $36°$ 的等腰三角形材料做成的三角板。我们平时对含 $30°$、$60°$ 与 $45°$ 的直角三角板很熟悉,它们的内角函数值可以用一个准确的数值轻松表示出来,而在黄金三角板中,其两种内角 $36°$、$72°$ 的函数值也有类似特点,是锐角中能够表示出准确值的为数不多的几个锐角之一。如图 6,$\angle A=36°$,$AB=AC$,设 $AB=1$,过 B 作 $\angle B$ 的平分线交 AC 于 D,作 AC 边上的高 BG,易得 $BC=BD=AD=\dfrac{\sqrt{5}-1}{2}$,所以 $CG=\dfrac{3-\sqrt{5}}{4}$,$AG=\dfrac{\sqrt{5}+1}{4}$,因此 $\cos 36°=\dfrac{\sqrt{5}+1}{4}$,$\cos 72°=\dfrac{\sqrt{5}-1}{4}$。

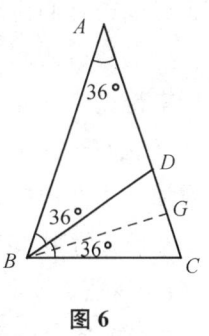

图 6

另外，$AD=\frac{\sqrt{5}-1}{2}\approx 0.618$，这是黄金分割数据，点 D 就是 AC 上的黄金分割点（这也是该三角板名称得来的原因），在圆中我们会注意到正十边形、正五边形的中心角分别为 $36°$、$72°$，所以制作这样的一块三角板，对于画黄金分割点、正十边形、正五边形等图形将是非常方便的工具。

三、拼图类工具

此类工具中常见的有七巧板、弦图拼接材料等。

1. 七巧板

七巧板是我国古代劳动人民的发明，其历史至少可以追溯到公元前1世纪，到了明代基本定型，它属于一种拼图游戏玩具，由七块板组成，完整图案为一正方形（如图7）：含五块等腰直角三角形（其中两块较小、一块中等，还有两块较大）、一块正方形和一块平行四边形。利用这七块板可拼成许多图形（千种以上），例如：三角形、平行四边形、不规则多边形，也可以把它们拼成各种人物、形象、动物、桥、房、塔、字母等等。

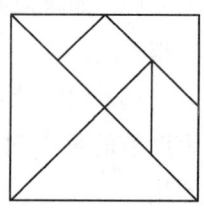

图 7

七巧板的制作相当简单，材料不拘一格，而其用途却多不胜数，可用来帮助学生形成形状概念、视觉分辨、认知技巧、视觉记忆、手眼协调、鼓励开放、扩散思考，还可以引导学生领悟图形的分割与合成，进而增强其手部智能、耐性和观察力。下面本文简单举例：

（1）请用如图7所示这副七巧板，既不留下一丝空白，又不相互重叠，至少拼出2种边数不同的凸多边形，画出示意图；

（2）某合作学习小组同学首先探讨出凸 n 边形的内角和公式为 $180°\times(n-2)$，继而在玩七巧板时发现："七巧板拼成的多边形，其边数不能超过8。"你认为这个结论正确吗？请说明理由。

略解：(1) 答案不唯一，现画出三角形、四边形、五边形、六边形各一个供参考，如图8。

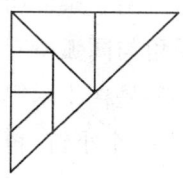 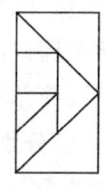 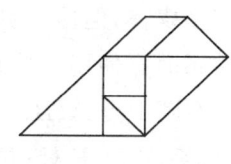 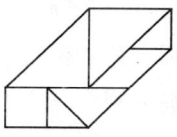

图 8

（2）这个发现正确。

因为七巧板 7 块部件的内角度数只有 $45°$、$90°$、$135°$ 三种，所以用它们拼成的最大角是 $135°$。

设七巧板能拼成 n 边形，则 $180°×(n-2) \leqslant 135°×n$，得 $n \leqslant 8$。

即用七巧板拼成的多边形其边数不超过 8。

2. 弦图拼接材料等

弦图（如图 9）是证明勾股定理的经典图案，曾被选为 2002 年在北京召开的国际数学家大会会徽，其拼接材料是四个全等的直角三角形。类似的拼接材料在几何学习中比比皆是，在此恕不一一枚举。

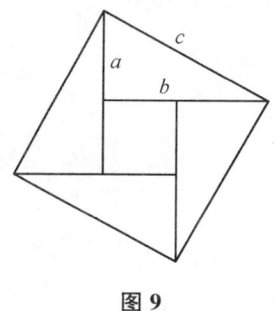

图 9

四、综合类工具

此类工具各具特色，其中最常见的莫过于橡皮筋。橡皮筋在几何学习中的使用异常灵活，能起到化抽象为直观的作用，而且它的使用往往比计算机多媒体演示更具体形象，更符合学生感官认知特点，因而更能为学生所接受。

笔者曾到一所较为偏远的初中听课,课题是"圆周角",由于条件所限,执教老师并未使用多媒体,但他在引领学生探讨圆周角与同弧所对圆心角的位置、大小关系时竟使用了自制教具,简单说来就是在小木黑板上画⊙O(如图10),在圆上点 A、B、C、D、E 处分别钉上一个小钉,再用一根橡皮筋两端分别系在 D、E 处,拉动橡皮筋,让其可以自由挂到 A、B、C 处,这样就可以轻松讨论圆周角与同弧所对圆心角的位置关系了,整节课教者有条不紊地推进各项环节,学生也饶有兴致参与其中,上来移动橡皮筋、作辅助线、思索、归纳,气氛相当融洽。

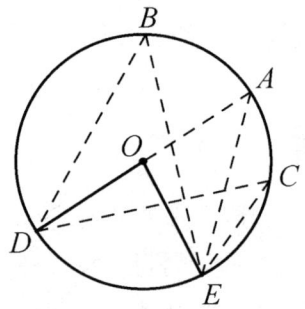

图 10

细节 20
重视数学文化的培养

▶•细节阐述•◀

人类文化的组成有两类：文化元素和亚文化。文化元素是人类文明中为绝大多数人所共有的文化的组成部分；而亚文化则是这群人中的一部分人所专有的一种文化（这部分人相对很少或很分散）。

数学既有文化元素的作用又有亚文化的作用。作为文化元素，数学是由某人群所共有的数学知识、概念和能力所组成，保存和发展这种文化元素是普通教育的任务。举例来说，人们一般并不知道导数和积分的概念，但是，人们会有速度（以每小时千米计量）、加速度（速度的增加）、银行借贷的利息、一年中月工资的总和等概念，这些概念是各种函数的导数和积分的具体体现，很难精确地指出这种文化元素的界限，但可以知道它是由数学中早已成熟的部分组成的。作为亚文化的数学只属于一群受过理论数学教育的人。这群人的观点不尽一致，但是，作为亚文化的数学有一个非常特别的现象，同诸多其他文化现象相比，特别是同初等数学相比，它因国家不同而出现的差异更小。在古代，人们可以说中国数学、阿拉伯数学、希腊数学等，但现在几乎不能这样说。作为亚文化和作为文化元素的数学的文化含义，取决于各种特定的价值尺度。

作为人类文化的重要组成部分，数学与人类社会的发展和进步密切相关，而随着社会现代化进程的加速，数学教育既要使学生掌握现代生活和学习中所需要的数学知识与技能，更要发挥数学在培养人的理性思维和创新能力方面的不可替代的作用。

在这里,我们指出数学的四个特性,以便同其他科学和文化现象做比较。

1. 国际性

谈到国际性,必须指出没有一件事物是绝对国际性的,文化现象多少要随人群的不同而变化。当然,亚文化数学较之许多其他文化现象更具国际性,也比许多科学特别是社会科学更具国际性。这自然影响到数学教育,使之具有国际性,这显然是好事。但是,我们应当注意理论数学也不是完全国际性的,其中存在若干民族特征。

2. 审美性

数学的审美性是其本质特征,诸多观点都认为它很重要。同艺术一样,审美性有其自身的价值。不但如此,当理论的发展有几种可能的形式可供选择时,审美性会帮助我们迅速地做出选择。

3. 对我们认识世界的影响

数学影响我们对世界的认识,在最数学化的学科中甚至没有其他语言。至今为止,数学最富有排序功能:保证我们的世界是有序的和可预言的,而不是杂乱无章的。事实上,对预言(日月食和天气)的偏爱是追求数学化的重要源泉,而且连杂乱本身也有自己的数学!数学的确影响我们对世界的看法。

4. 对我们固有的思维能力和信念的影响

数学还影响我们的精神。与计算机不同,人脑是要受其所从事的工作的影响而改变的,这至少在年轻时如此,人脑就像一台在工作中会创造自身的计算机。年轻人的语言和理论工作会影响他们大脑的发展。因此,选择好的工作就显得愈益重要。如果我们能从困难的情况出发解决问题,我们就赢得了个性。这样,数学既能增强我们的自信心(如果我们成功了),也会破坏我们的自信心(如果我们失败了)。

数学对于学生的文化素质的影响，至少表现在如下几个方面：

1. 有利于培养学生严谨的思维方式

苏联教育家加里宁说过，"数学是思维的体操"，说的就是数学对培养严格的逻辑思维有非常重要的作用。尽管大多数学生将来不会成为数学家，但是条理性、逻辑性作为一种文化素质对他们将来从事任何一种职业都是需要的。

2. 有利于培养学生的创新精神

数学是人类理性文明高度发展的结晶，体现出人的巨大创造力。同时，数学又是人类创新的锐利工具。无论数学知识的应用或是数学知识的发展，都需要研究新问题，根据实际情况做出恰如其分的分析，并由此找到解决问题的途径。这里没有现成的答案可循，需要某种程度上的创新。而这种创新能力的培养，正是我们的教育目的之一。学习数学知识，应用数学知识，正是一种培养学生创新精神的有效途径。

3. 有利于培养学生科学的审美观

数学教育有利于美育教育和科学教育相结合，培养科学的审美观。人们对美的理解各不相同，但总之美和完善、完美、和谐、秩序等相联系。而数学本身体现出的简洁美（抽象美、符号美、统一美等）、和谐美（对称美、形式美等）、奇异美（有限美、神秘美等）会给学生以美的熏陶，数学所揭示的规律会加深学生对美的理解，而学习数学的过程也会使学生体验数学作为人类智慧的结晶所洋溢出的精神美。

马克思曾明确指出："一门科学只有当它达到了能够成功地运用数学时，才算真正发展了。"这是对数学作用的深刻理解，也是对科学化趋势的深刻预见。事实上，数学的应用越来越广泛，连一些过去认为与数学无缘的学科，如考古学、语言学、心理学等现在也都成为数学能够大显身手的领域。数学方法也在深刻地影响着历史学研究，能帮助历史学家做出更可靠、更令人信服的结论。这些情况使人们认为，人类智力活动中未受到数学的影响而大为改观的领域已寥寥无几了。

数学教学中沟通"数学"与"人文",关注数学教育过程中的人文关怀,除了需要转变教育思想外,还需建立两者融合的"桥梁",其中课程是十分重要的载体。如何设计与安排沟通"数学"与"人文"同时又便于操作的课程及课程体系呢?我们认为:提高数学教学内容的社会针对性。这种做法,是在传统课程的基础上拓宽教学内容,以说明它与社会的关系;采取跨学科的方式,同所学的其他学科结合起来,让学生懂得数学的人文性和大众性;开设数学史课程和数学哲学课程,等等。除了开设这些融通数学与人文的"显性课程"之外,教学策略的转变,增加数学教育的文化内涵和研究层次也是必不可少的。

● 典型案例 ●

"勾股定理"中的数学文化

1. 介绍勾股定理

师:我们用命题的形式将刚才探讨的事实概括为:如果直角三角形的两直角边长分别为 a,b,斜边长为 c,那么 $a^2+b^2=c^2$。而刚才大家的拼图探索过程其实也是对这一命题的一种证明过程,因此,这一命题也是一个定理,而且是一个非常重要的定理,我国把它称为"勾股定理"。(为了进一步加深学生对该拼图游戏的理解和增强直观效果,教者设置了多媒体演示动画)

师:关于这一定理的历史背景,我们来看一段阅读材料(请人诵读)。

阅读材料:中国古代把直角三角形中较短的直角边叫作勾,较长的直角边叫作股,斜边叫作弦。据《周髀算经》记载,西周开国时期(约公元前1000多年)有个叫商高的人对周公说,把一根直尺折成直角,两端连接得一个直角三角形,如果勾是3,股是4,那么弦等于5……后来许多数学家先后用不同方法证明了这一性质,我国把它称为勾股定理。

勾股定理在世界上流传甚广。在西方,一般认为这个定理是一个叫毕达哥拉斯的人发现的,所以他们称这个定理为毕达哥拉斯定理,只不过,他们发现这一定理时,已比中国晚了五六百年。从这一点我们也可看出,中国古代在数学研究方面的突出成就,中国人民对世界人类文化发展做出了重大贡献。

(两段内容分别由两名同学先后朗诵,孩子清脆爽朗的声音伴随着悠扬的古乐,同学们仿佛见证了那段历史,此时,老师又不失时机地稍作点拨,学生的民族自豪感油然而生,极大地鼓舞了他们学好数学的信念)

2. 再证勾股定理

师:勾股定理的证明方法有几百种,像刚才的演示过程是一种面积证明法,即通过图形割补拼接,而面积关系不变来证明几何命题。请大家继续动动脑筋,如果只给你四个全等的直角三角形,你能否拼成某种允许有空隙的图形来证明定理呢?

(学生再度动手操作,合作探究,展示成果,共花去约4分钟(如图1))

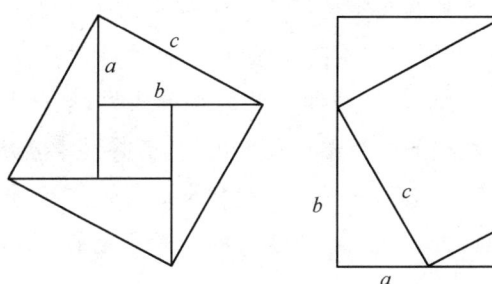

图1

师:请展示成果的同学阐明你的想法。

生1:(左图)大正方形面积可以看作四个全等的直角三角形面积加上中间空白的小正方形的面积,即 $c^2 = 4 \times \dfrac{ab}{2} + (b-a)^2 = a^2 + b^2$。

生2:(右图)中间空白部分正方形面积等于外围大正方形面积减去四个全等的直角三角形面积,即 $c^2 = (a+b)^2 - 4 \times \dfrac{ab}{2} = a^2 + b^2$。

师:两组同学的阐述都非常精彩、到位。事实上,左图早在3世纪我国汉代的赵爽在注解《周髀算经》时就已给出,人们称它为"赵爽弦图","赵爽弦图"影响深远,表现了我国古人对数学的钻研精神和聪明才智,是我国古代数学的骄傲。正因为此,该图案被选为2002年在北京召开的国际数学家大会会徽。

◆ 案例反思 ◆

数学课程的综合要求可以体现在这样五个层面:知识含量、运算水平、推理能力、探究能力和文化背景。比较中西方的数学教育,目前我们相对比较薄弱的也正是探究能力和文化背景这两个方面,而这两者之间又有着密切的联系,因为一个富有探究价值的问题也往往具有较高的文化品位。

数学教育教学所要传授的不仅仅是一套概念体系,也不仅仅是一种方法、技术和结论,而应当是作为一种文化来传播。数学作为一种文化,在认识上至少应包括三方面的内容:数学是一种知识体系,数学是一种研究活动,数学是具有文化功能的。既然是一种知识体系,因此就有依托于科学知识之上的科学思想和信仰;既然是一种研究活动,就有贯穿于科学研究活动的科学精神和科学的审美能力;既然具有文化功能,因此就应具有与之相关的科学伦理准则,从而将科学素质教育与人文素质教育很好地整合起来,使得数学教育也成为人文素质的教育,并使其内化为人的人格、气质、修养,成为人的相对稳定的,也是终身的内在的品质。

数学文化必须走进课堂,在实际数学教学中使得学生在学习数学的过程中真正受到文化的感染,产生文化共鸣,体会数学的文化品位和世俗的人情味。这就要从微观的角度进行分析,将数学文化渗入课程标准、教科书,体现在数学教学的全过程之中。

课例 1

验证勾股定理（第 1 课时）[①]

1. 教材分析

1.1 教学目标

（1）了解勾股定理及其文化背景，体验勾股定理的发现及验证的探索过程，发展动手能力、合情推理能力，体会数形结合的思想。

（2）通过拼图活动，体验数学思维的严谨性，发展形象思维，初步领会用面积法解决几何问题的思路。

（3）通过对勾股定理历史的了解，感受数学文化的魅力，在探究活动中，培养合作交流意识和探索精神。

1.2 教学重点难点

重点：探索和验证勾股定理。

难点：用拼图的方法验证勾股定理。

1.3 教学方法

动手操作、自主探索和合作交流相结合。

1.4 教学手段

拼图实验、多媒体演示。

2. 课前准备

每同桌两人为一组，每组发一个信封（课前不许打开），信封内装有

[①] 本课例为笔者发表于《中学数学教学参考》（初中版），2008-08.

拼图用的卡纸片。

3. 教学过程

3.1 诱发新知

投影问题：一艘轮船以 16 海里/时的速度离开港口向正东方向航行，另一艘轮船同时也从该港口以 12 海里/时的速度向正北方向航行，一小时后它们相距多远？

学生立即动手，很快画出示意图，但显然想求又不知如何求出两船的距离，其参与意识很快从潜伏状态转变为活跃状态。

3.2 分析引导

师：细心的同学不难发现，此时若顺次连接两船和港口，会获得一个直角三角形，问题即转化为已知直角边求斜边，那么究竟该如何解决呢？

师：为了研究这个问题，我们一起来做一个拼图游戏。现在大家打开课前下发给每组的信封，看看里面装有什么？

生：是三角形纸片和正方形纸片。

师：数数看，各有几张？各自大小关系又怎样？

生1：8 张全等的直角三角形纸片和 3 张大小不等的正方形纸片。

生2：我还发现 3 张正方形纸片的边长正好分别等于直角三角形纸片的三边长。

师：你的眼力可真厉害！

（学生笑）

师：下面我们就来开展一次小组比赛，看看哪个小组的动手能力强，规则是同组的两人齐心协力，看哪个小组能在最短的时间内把这些纸片拼成两个既无缝隙，又不重叠的正方形，拼好的小组到黑板前借助小磁铁将图形展示出来。

3.3 动手探究

学生立即投入紧张的操作中，教室里伴有轻轻的讨论声，而教师则巡视，并对个别无从下手的小组进行指导。

最快的小组不到 2 分钟即完成拼图，并上来展示成果，随后又有几组也到黑板上展示成果，再后面要展示的小组被老师叫停。

黑板上展示的图形主要是以下几种(图1):

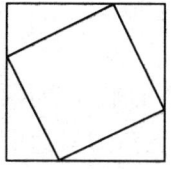 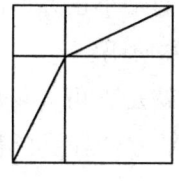 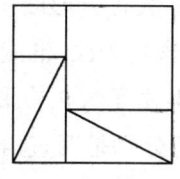

图1

师:大家观察,上述拼图是否符合我们开始的规则?
生:符合。
师:我们为上述同学特别是速度最快的两位同学鼓掌。

3.4 发现猜想

师:我们继续观察黑板上所拼的两类正方形(见图2),为研究方便,设直角三角形两直角边长分别为 a,b,斜边长为 c,则3种正方形纸片的边长分别为 a,b,c。显然,这两类正方形面积有何关系?

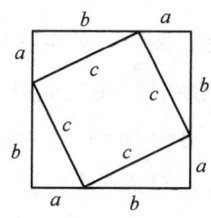 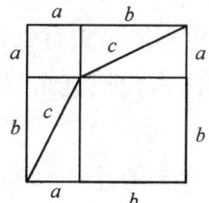

图2

生:相等。

师:现在我将两个正方形中各自的四个直角三角形纸片取走,余下的图形面积又如何?(见图3)

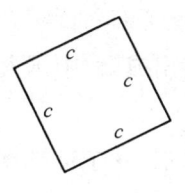 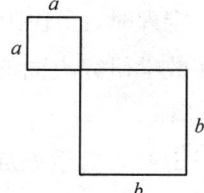

图3

生:仍然相等。

师：由此你能发现什么？

生 3：大正方形面积等于两个小正方形面积之和。

师：这是表象，谁能看出本质吗？

生 4：由于大正方形面积就是直角三角形斜边的平方，而两个小正方形面积分别是两直角边的平方，因此可得直角三角形斜边的平方等于两直角边的平方和。

师：太棒了！这真是一个"伟大的发现"。

3.5 介绍定理

师：我们用命题的形式将上述事实概括为：如果直角三角形的两直角边长分别为 a,b，斜边长为 c，那么 $a^2+b^2=c^2$。而刚才大家的拼图探索过程其实也是对这一命题的一种证明过程。因此，这一命题也是一个定理，而且是一个非常重要的定理，我国把它称为"勾股定理"。

（为了进一步加深学生对该拼图游戏的理解和增强直观效果，老师设置了多媒体演示动画（过程略））

师：关于这一定理的历史背景，我们来看一段阅读材料，请人诵读。

阅读材料：中国古代把直角三角形中较短的直角边叫作勾，较长的直角边叫作股，斜边叫作弦。据《周髀算经》记载，西周开国时期（约公元前 1 千多年），有个叫商高的人对周公说，把一根直尺折成直角，两端连接得一个直角三角形，如果勾是 3，股是 4，那么弦等于 5。后来许多数学家先后用不同方法证明了这一性质，我国把它称为"勾股定理"。

勾股定理在世界上流传甚广，在西方，一般认为这个定理是一个叫毕达哥拉斯的人发现的，所以他们称这个定理为"毕达哥拉斯定理"，只不过，他们发现这一定理时，已比中国晚了五六百年。从这一点我们也可看出，中国古代在数学研究方面的突出成就，中国人民对世界人类文化发展做出了重大贡献。

（两段内容分别由两名同学先后朗诵，孩子清脆爽朗的声音伴随着悠扬的古乐，同学们仿佛见证了那段历史，此时，老师又不失时机地稍作点拨，学生的民族自豪感油然而生，极大地鼓舞了他们学好数学的信念）

3.6 再证定理

师：勾股定理的证明方法有几百种，像刚才的演示过程是一种面积证明法，即通过图形割补拼接，而面积关系不变来证明几何命题。请大家继续动动脑筋，如果只给你四个全等的直角三角形，你能否拼成某种允许有空隙的图形来证明定理呢？

学生再度动手操作，合作探究，展示成果，共花去约4分钟（见图4）。

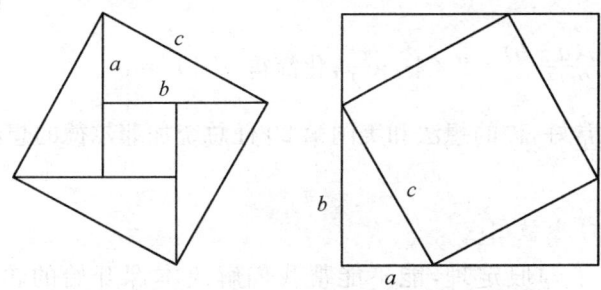

图 4

师：请展示成果的同学阐明你的想法。

生5：（图4左图）大正方形面积可以看作四个全等的直角三角形面积加上中间空白的小正方形的面积，即

$$c^2 = 4 \times \frac{ab}{2} + (b-a)^2 = a^2 + b^2 。$$

生6：（图4右图）中间空白部分正方形面积等于外围大正方形面积减去四个全等的直角三角形面积，即

$$c^2 = (a+b)^2 - 4 \times \frac{ab}{2} = a^2 + b^2 。$$

师：两组同学的阐述都非常精彩、到位。事实上，图4左图早在3世纪我国汉代的赵爽在注解《周髀算经》时就已给出，人们称它为"赵爽弦图"。"赵爽弦图"影响深远，表现了我国古人对数学的钻研精神和聪明才智，是我国古代数学的骄傲。正因为此，该图案被选为2002年在北京召开的国际数学家大会会徽。

（教师设置了图4的演示动画（过程略））

师：勾股定理太贴近人们的生活实际了，以至于下至平民百姓，上至帝王总统都愿意探讨、研究它的证明。例如，刚才图 4 右图中，若连接中间正方形的一条对角线，利用整幅图的一半（见图 5），你能证明勾股定理吗？

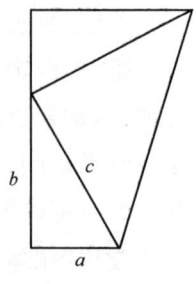

图 5

生 7：整个梯形面积可看作三个直角三角形的面积和，即

$$\frac{(a+b)(a+b)}{2}=2\times\frac{ab}{2}+\frac{c^2}{2}$$，化简得 $a^2+b^2=c^2$。

师：非常好，你的想法和美国第 20 任总统加菲尔德的想法一样，祝贺你。

3.7　学以致用

师：有了勾股定理，能不能帮我们解决本课开始的轮船航行问题呢？

（学生再演算）

生 8：利用勾股定理算得两船距离的平方为 $16^2+12^2=400$，从而可知两船距离为 20 海里。

师：很好，你真能学以致用。现在我们再出示几个小问题，请大家思考。

问题(1)：△ABC 中，已知 $a=3$, $b=4$，则 c 等于多少？

生 9（脱口而出）：5。

（不少学生在下面也随口附和：5。）

生 10（猛然醒悟似的）：不对，并没有告诉我们是直角三角形，c 求不出来。

生（众）：噢——，对！

问题(2)：Rt△ABC 中，已知 $a=3$, $b=4$，则 c 等于多少？

生 11（很有把握）：应该等于 5 吧。

下面学生有人附和，有人思索，有人观察老师的反应，拿不准是否又上当。

终于，还是学生 10：c 不一定是斜边，它是斜边时，就是 5，它不是斜边时,b 就应该是斜边,那样的话,c 的平方就应该等于 7。

师:请为学生 10 鼓掌!

问题(3):Rt△ABC 中,已知∠C=90°,$a=3$,$b=4$,则 c 等于多少?

生(异口同声):5。

师:通过这几个小题,我们应能更深刻地体会到勾股定理揭示的是直角三角形三边之间的数量关系,我们要学会将数与形密切联系起来思考。

3.8 "颗粒归仓"

师:回过头来,我们将本节课理一理,你有哪些收获?

生 12:我知道了什么是勾股定理。

生 13:我们是用拼图的方法研究勾股定理的,这也是一种证明方法,叫面积法。

生 14:我还知道了有关勾股定理的许多历史知识,比如……

师:勾股定理的相关知识背景是相当丰富的,还有很多内容待我们课后和下一节课继续研究。

3.9 作业拓展

3.9.1 思路拓展

(1) 如图 6,分别以直角三角形 ABC($\angle C=90°$)三边为边向外画三个正方形,这三个正方形的面积之间有什么关系?

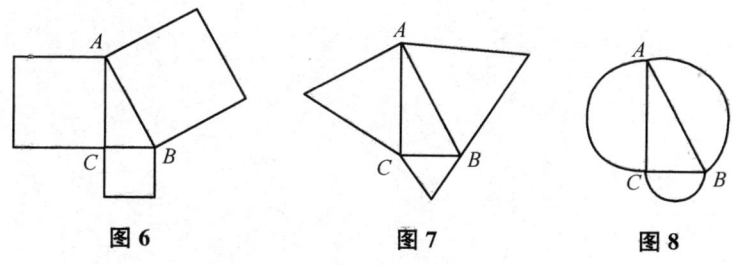

图 6　　　　图 7　　　　图 8

(2) 如图 7、图 8,分别以直角三角形 ABC($\angle C=90°$)三边为边向外画三个正三角形或半圆,这三个正三角形或半圆的面积之间有什么关系?

3.9.2 课后查阅勾股定理相关资料进行研究,写一篇有关对勾股定理认识的数学日记。

教学设计说明：

（1）以实际问题引入。在新知诱发阶段，以轮船航行的一个实际问题作为教学的出发点，设置悬念，通过学生"意料之中"的思维受阻，自然导入新课，引领学生对新知识——"勾股定理"的探索。

（2）教学过程采用"问题情景—分析探究—得出猜想—实践验证—总结升华"为主线，努力做到由传统的数学课堂向实验课堂的转变。把动手拼图实验作为探索活动的开始，调动学生全员参与的积极性、主动性，使自主探究与合作交流贯穿于教学的始终。

（3）故布疑阵，创设阶段情境。教学进行到一定阶段，学生的思维常处于平淡、顺从状态，此时在思维定势、知识易错处设计问题，激活思维，使得课堂节奏跌宕起伏，学生思维的严谨性受到考验和训练，强化了教学效果。

（4）充分挖掘数学史的文化价值。勾股定理是数学史上的一颗璀璨明珠，是数学教科书中为数不多对学生进行爱国主义教育的好素材。通过学生对史料的朗读，配以古乐，学生民族自豪感油然而生。

（5）类比拓展，留出空间。以思考题的形式，对勾股定理从代数和几何方面进行推广，作为学生合情推理的尝试，使学有余力的学生体验到发现数学问题的乐趣，不同的学生在数学上得到不同程度的发展。

课例 2

圆周角(第 1 课时)[①]

教学目标:

1. 理解圆周角的概念及其相关性质,并能初步运用其相关性质解决有关问题。

2. 通过观察、比较、分析圆周角与圆心角的关系,发展合情推理能力和演绎推理能力,在探索圆周角有关性质过程中体会类比、分类、由特殊到一般、转化等数学思想方法。

3. 学会数学地思考解决问题,体会事物之间是联系的、运动变化的辩证思想,并在运用数学知识解决问题的活动中获取成功的体验。

教学重点:

圆周角的性质。

教学难点:

圆周角性质的说理推证。

教学方法与教学手段:

创设情境—启发诱导—合作建构—应用提高。

[①] 本课为笔者 2013 年 10 月参加江苏省初中数学优课评比活动获一等奖。

教学过程：

一、设置情境，温故探新

1. 前面我们刚刚学习了一种与圆有关的角，是什么角？（圆心角）

2. 在所给的⊙O中，画出一个圆心角，回顾圆心角的定义、位置特征及其性质。

3. 改变所画圆心角的顶点位置，则按新顶点与⊙O的位置关系，会产生哪几类情形的角？

（学生画图探究，教师巡视，请部分学生上黑板画图）

二、揭示课题，归纳概念

1. 在呈现的三类角中，观察它们的位置特征，让学生尝试给它们命名。

2. 重点关注顶点在圆上的角，分析其位置特征：① 顶点在圆上；② 两边都和圆相交。由此揭示（板书）本课课题——圆周角，归纳其定义：顶点在圆上，并且两边都和圆相交的角叫作圆周角。

3. 对圆周角进行辨析练习。

4. 介绍圆周角与其所对弧的相互关系，按照圆心与圆周角的位置关系尝试给圆周角分类。

三、动手操作，猜想结论

1. 分析、探讨如何研究圆周角的相关性质。

2. 猜想同弧所对的圆周角之间以及同弧所对的圆周角与圆心角之间的大小关系。

（教师利用几何画板进行演示）

四、分类转化，说理推证

1. 从圆心在圆周角一边上这一特殊情形入手，利用说理的方法，推证此类情形下一条弧所对的圆周角等于该弧所对圆心角的一半,另外两类情形均可通过作辅助线转化利用特殊情形来解决,从而最终概括出圆周角的性质:同弧或等弧所对的圆周角相等,都等于该弧所对的圆心角的一半。

2. 简要讨论圆心角、圆周角的相关性质。

五、学以致用,触类旁通

1. 如图1,点 A、B、C、D 在同一个圆上,AC、BD 为四边形 ABCD 的对角线。

填空:(1) ∠1=∠_____;(2) ∠2=∠_____;
     (3) ∠3=∠_____;(4) ∠5=∠_____。

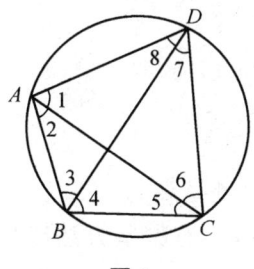

图 1

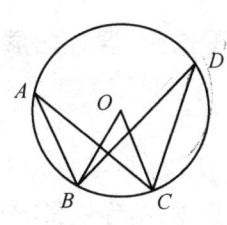

图 2

2. 如图2,点 A、B、C、D 在⊙O 上,点 A 与点 D 在点 B、C 所在直线的同侧,∠BAC=35°。

(1) ∠BDC=_____°,理由是_____;

(2) ∠BOC=_____°,理由是_____。

3. 如图3,在⊙O 中,弦 AB、CD 相交于点 E,∠BAC=45°,∠AED=75°。

(1) 求 ∠ABD 的度数;

(2) 连接 AD,若 AD=2,求 ⊙O 的半径长。

回归生活 如图4,一个海湾在 $\overset{\frown}{AB}$ 范围内有暗礁,C 是 $\overset{\frown}{AB}$ 上一点,当船只位于 $\overset{\frown}{AB}$ 外侧时,其所在位置 P 与两个灯塔 A、B 形成视角 ∠APB,请你

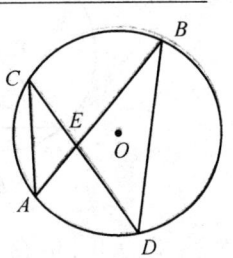

图 3

比较∠APB 与∠ACB 的大小,并说明理由。

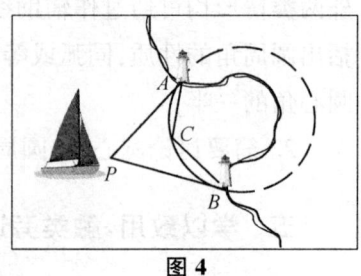

图 4

六、回顾课堂,反思提升

回顾本课研究圆周角的过程,交流印象最为深刻的环节及存在的疑惑。

七、布置作业,课外拓展

(一)必做题

1. 课本第 122 页习题 5.3 第 1,2,4,5 题。

2. 思考探索:给你一张圆形纸片,你有哪些方法能找出它的圆心位置?

(二)选做题

1. 如图 5,OA、OB、OC 都是⊙O 的半径,∠AOB=2∠BOC。请说明∠ACB=2∠BAC。

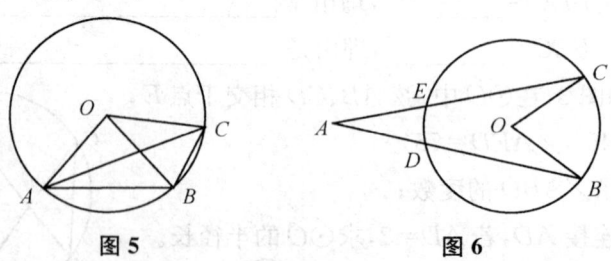

图 5   图 6

2. 如图 6,在⊙O 中,$\overparen{BC}=2\overparen{DE}$,∠$BOC$=84°,求∠$A$ 的度数。

3. 在⊙O 中,BC 为弦,∠BOC=100°,则弦 BC 所对的圆周角是_____度。

教学设计说明：

"圆周角"一节是苏科版数学九上第五章第三节的内容，是在学生学习了圆、弦、弧、圆心角等概念和相关知识之后编排的，圆周角与圆心角的关系在圆的有关说理、作图、计算中应用比较广泛，是研究圆与其他平面几何图形的桥梁和纽带。

教材对这一节分为两个课时进行教学，第一课时主要是探索圆周角与圆心角的关系，第二课时主要是探索直径所对圆周角的特殊性，本课是第一课时的教学。

依据荷兰数学家、数学教育家弗赖登塔尔的"再创造"数学教学模式，本课以学生的独立学习为基础，配以小组合作、全班交流、教师指导，从而建立以学生的活动为主线的主要操作形式，以突出重点、突破难点，并发展学生的数学素养，通过创设一系列具有启发性、挑战性的问题情景激发学生学习的兴趣，引导学生用数学的眼光思考问题、发现规律、验证猜想。而在课堂推进过程中，力求做到四"抓"、四"体现"、四"抓"即抓角的基本元素——顶点与边，抓图形的运动变化，抓图形的数量关系，抓学生的活动；四"体现"即体现核心概念，体现学生的合情推理能力，体现类比、分类、转化等数学思想方法，体现现代教育技术的应用。

具体来说，本课主要具有如下特点：

1. 将课堂学习的主动权还给学生。在本课的诸多环节，如研究圆周角的过程设计、圆周角性质的研究内容及如何研究等都交由学生处理，使其不仅学会知识，更能体会研究问题的一般方法。

2. 猜想和预见是学生的天性，抓住学生这一心理采取"先猜后证"的教学设计，有效地激发学生的积极性，促使其在课堂上更主动地探索。

3. 几何画板演示，直观形象，有利于提高学生的积极性和课堂教学效益。

4. 适时引导学生，让学生认识到分类验证的必要性，并懂得由实验、观察等方法得出的猜想，其正确性需要进一步验证，让学生体验数学的严谨性。

5. 利用多媒体直观形象地演示,使抽象的数学知识以简单明了的形式展示在学生面前,缩短了知识与学生之间的距离,丰富了教学内容,活跃了课堂气氛。

6. 适当与生活实践联系起来,既巩固了新知识,又能进一步培养学生的数学意识,学会数学地思考解决问题。

7. 根据学生的认知规律,循序渐进地设计有针对性、有坡度、有层次的课内、课外习题,让学生更好地掌握知识,使其个性得到充分的展示。

课例 3

预设与生成同举　引领与自悟并重

——人教版八上"14.1 变量与函数"(第1课时)课堂实录与反思[①]

1. 教材分析

1.1　教学目标

（1）结合具体实例了解常量、变量和函数的概念，初步了解函数的三种表示方法。

（2）学会从一些具体简单的事例中寻找常量、变量，并会判断两个变量之间是否满足函数关系。

（3）体会"变化与对应"、事物是运动的以及运动是有规律的辩证思想。

1.2　教学重点、难点

重点：结合具体实例了解常量、变量和函数的概念。

难点：了解函数概念。

1.3　教学方法

创设情境—激发诱导—合作生成—应用提高。

2. 教学过程

2.1　设置问题情境

新课引入："请你欣赏"（五幅运动画面）

[①] 本课为笔者参加南通市初中数学优课评比活动中借班执教的一节课，获南通市一等奖第一名。

师：大家能看出这些画面具有什么共同特征吗？

生（几乎异口同声）：运动。

师：是的，我们所生活的大千世界，大到天体运动，小到分子结构，无不充斥着运动变化，如何从数学的角度来刻画这些运动变化并寻找规律呢？今天，我们就来探讨这一课题。

【设计意图】 利用学生熟悉而感兴趣的实例动画引入本课学习的内容，调动学生学习的兴趣。

2.2 引导探究具体问题中的数量关系

2.2.1 问题1：

某影院每张电影票的售价为 10 元，设一场电影售出 x 张票，票房收入为 y 元，怎样用含 x 的式子表示 y？

师：请大家默读题目并思考。

生1：$y = 10x$。

师：这一问题中涉及哪几个量？

生2：有票数 x 张，票房收入 y 元，还有票价 10 元/张。

（教师板书：票数 x，收入 y，票价 10 元/张）

2.2.2 问题2：

在一根弹簧的下端悬挂重物，如果弹簧原长 10 cm，每 1 kg 重物使弹簧伸长 0.5 cm，设重物质量为 m kg，受力后的弹簧长度为 l cm，填写下表,并用含 m 的式子表示 l。

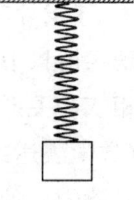

m(kg)	0	1	2	3	4	5	…
l(cm)							

师:谁先来帮我们完成填表?

生 3:l 的大小分别为 $10,10.5,11,11.5,12,12.5,…$。

师:丝毫不差。那如何用含 m 的式子表示 l?

生 4:$l=10+0.5m$。

师:这一问题中又涉及哪几个量?

生 5:弹簧原长 10 cm,受力后的弹簧长度为 l cm。

生 6:我认为还有重物质量 m kg,每 1 kg 重物使弹簧的增长量为 0.5 cm。

(教师板书:质量 m,总长 l,原长 10 cm,每 1 kg 增长量 0.5 cm)

2.2.3　问题 3:

下图是某地一天的气温变化图象,任意给出这天中的某一时刻 t,你能说出这一时刻的气温 T 吗?

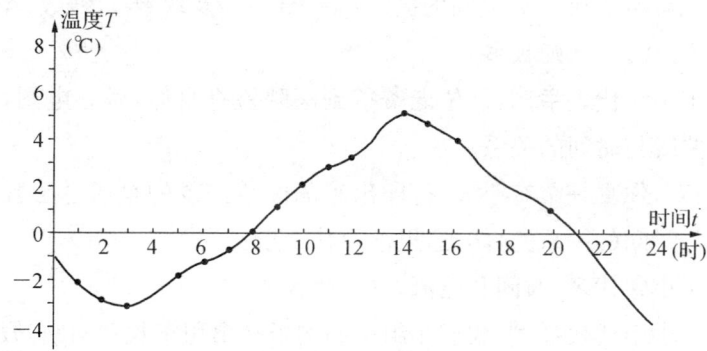

师:我们根据图示,分别来说说 2 时 30 分、9 时、14 时、24 时相应的气温。

生 7:$-3℃$、$1.8℃$、$5℃$、$-3℃$。

师:这一问题中涉及哪几个量?

生(近乎齐声):时间和温度。

(教师板书:时间 t,温度 T)

【设计意图】 在本环节中,设置了三个问题情景,目的是让学生在现实情景中初步感知变量和函数的存在及意义,体会各种量之间的互相依存关系和变化规律。此外还有意识地涉及了三种不同的表现方式(数学表达式、表格、图象)来表述三个问题,目的是想给学生初步呈现函数的三种常用形式。

2.2.4 发现生活

师:刚才是老师给出的三个生活中的实例,大家能举出生活中类似的例子吗?(可以小组讨论)。

(学生按原先分好的小组讨论,3分钟左右)

师:现在请部分小组各派出一位代表说说你们小组推荐的类似实例。

(第5小组代表举例:我从家骑自行车到学校,假定每分钟120米,所走的路程 s 米与时间 t 分钟的关系:$s=120t$)

师:那在这一问题中涉及哪些量?

第5小组代表:时间 t,路程 s,速度120米/分。(教师板书)

第3小组代表举例:我们到学校小超市购买橡皮,每块2元,所付钱数 y 元与所买块数 x 之间的关系:$y=2x$。涉及块数 x、钱数 y,以及单价2元/块。(教师板书)

第1小组代表举例:一位老爷爷到医院检查身体,做心电图,打印出来的曲线与时间的关系。

师:嗯,你真是个有心人,打印出来的曲线记录的是通过心脏的生物电流与时间的关系,显然,这里涉及什么量?

第1小组代表:时间和电流。(教师板书)

第8小组代表举例:我们小组举的例子是出租车收费问题,假如出租车不超过3千米都是起步价7元,超过3千米后每千米收费2元,则所付钱数 y 元与路程 x 千米的关系:$y=7+2(x-3)$,涉及的量有路程 x、费用 y 以及收费标准。

师:这个例子在实际生活中很常见,但若 x 没有超过3呢?

第8小组代表:那就收7元。

师：这说明刚才所列式子是不是要补充一下，即
$$y=\begin{cases}7, 0<x\leqslant 3;\\ 7+2(x-3), x>3.\end{cases}$$ （边补充边板书）

师：集思广益，我们列举了这么多的实例，限于时间，还有几个小组我们课后再交流。

【设计意图】 让学生在教师所举实例基础上通过思考、讨论、交流，举一反三，列举出生活中类似的例子，使学生经历从具体到抽象再到具体的认识过程，增强了对问题的感性认识和理性理解，为建立常量、变量的概念做好铺垫。

2.3 问题引申，理解变量、常量的含义

师：上面的问题反映了不同事物的变化过程，涉及多个量，大家能将这些问题中出现的量按照某种标准进行分类吗？

生8：我发现其中有些量(例如售出票数 x，票房收入 y；时间 t，温度 T……)的值是可以变化的，而有些量的值始终不变(例如电影票的单价10元……)，因此可分为两类。

师：显然你这样分类的标准是？

生8：按照有无变化。

师：很好。那我们能尝试给这两种量分别命名吗？

生9：我觉得可以把那些变化的量称为"变量"，而把那些始终不变的量称为"定量"。

师：很有概括性，前者就按你说的办，只不过后者已有人命制了另外一种说法并取得了共识，称为"常量"。

(师生共同小结出变量和常量的定义并板书)

变量和常量：在某个变化过程中，数值发生变化的量称为变量，数值始终不变的量称为常量。

师：按照上述定义，我们来看两个练习。

巩固练习：

1. 学校购买某种型号的钢笔作为学生的奖品，钢笔的单价是4元/支，则总金额 y(元)与购买支数 x(支)的关系式是_____，其中变量是_____，常量是_____。

生 10：$y=4x$，其中变量是 x,y，常量是单价 4 元/支。

2. 计划购买 50 元的乒乓球，所能购买的总数 $n(个)$ 与单价 $a(元)$ 的关系式是_____，其中变量是_____，常量是_____。

生 11：$n=\dfrac{50}{a}$，其中变量是 a,n，常量是购买金额 50 元。

2.4　柳暗花明，探讨数量变化规律，理解函数的概念

师：回头再看开始几个问题，都是反映的什么过程？

生（齐）：变化过程。

师：都有几个变量？

生：两个。

师：那这两个变量之间有什么联系吗？

生 12：一个量变化，另一个量也会变化。

师：好。能否再具体阐述一下？

（学生沉默）

师：我们先看"票房收入问题"，当 x 取定 50 时，y 等于？

生（齐）：500。

师：当 x 取定 800 呢？

生（齐）：8 000。

师：这说明 y 与 x 有什么关系？

生 13：每当 x 取定一个值时，y 也会取定一个值。

师：对。每当 x 取定一个值时，相应的 y 也会有一个确定的值与其对应。那再看"弹簧长度问题"，由表格我们能看出 l 与 m 也有类似关系吗？

生 14：从表格我们能看出上一行 m 每取定一个值时，下一行 l 也会有一个确定的值与它对应。

师：很好。那在"气温变化问题"中，哪些量之间也具备上述关系呢？

生 15：气温和时间。也就是时间每取定一个值时，气温也都有一个确定的值与它对应。

师：现在看来，上述三个问题具有什么共同特征？

生 16：它们都描述了一个变化过程，都涉及两个变量，而且每当其中一个变量取定一个值时，另一个变量也会有一个确定的值与它对应。

师：非常到位。为了描述方便，我们把这两个变量称为 x,y，也就是说，对于变量 x 的每一个确定的值，变量 y 都有唯一确定的值与其对应，这时，我们就把变量 x 称为自变量，而把 y 称为 x 的函数。（教师板书）

函数：一般地，在一个变化过程中，如果有两个变量 x 和 y，并且对于变量 x 的每一个值，变量 y 都有唯一确定的值与其对应，我们就说 x 是自变量，y 是 x 的函数。这时也把 y 与 x 的关系称为函数关系。

师：下面我们简要介绍一下函数的常用表示方法。

表示函数关系的方法：解析式法、列表法、图象法。

师：这三种方法中又以解析式法的使用最为普遍，也就是我们经常要列出的函数关系式。

书写函数关系式：函数关系式是等式。

通常等式左边用一个字母表示自变量的函数，等式右边是含有自变量的代数式。

例 根据所给的条件，写出 y 与 x 的函数关系式：

（1）矩形的周长是 18 cm，它的长是 y cm，宽是 x cm；

生 17：$y=9-x$。

（2）y 是 x 的倒数的 4 倍。

生 18：$y=\dfrac{4}{x}$。

【设计意图】 函数的概念是初中数学的一个核心概念，而函数概念的核心内容是两个变量的唯一对应关系，对函数概念本质上的理解需要高中的知识作为支撑，因此在初中阶段我们能做的，应该是让学生通过实例来感知函数的概念，体会变量之间的互相依存关系和变化规律。

2.5 触类旁通，举一反三

1. 一个三角形的一边长为 5，这边上的高 h 可以任意伸缩，其面积 S 随 h 变化的函数关系式是_____；

其中常量是_____,变量是_____,自变量是_____,_____是_____的函数。

生19:$S=\frac{5}{2}h$,其中常量是一边长5,变量是h,S,自变量是h,S是h的函数。

2. 秀水村的耕地面积是10^6 m²,这个村人均占有耕地面积y与这个村人数n之间的函数关系式为_____;其中常量是_____,变量是_____,自变量是_____,_____是_____的函数。

生20:$y=\frac{10^6}{n}$,其中常量是总面积10^6 m²,变量是n,y,自变量是n,y是n的函数。

3. 下列关于变量x,y的关系式:

① $y=\frac{3}{2}x+7$,② $y^2=5x-1$,③ $y=|3x|$,④ $y=\pm x$,⑤ $y=2x^2-3x+1$,⑥ $y=\frac{1}{x}$。

其中y是x的函数的是_____。

生21:我觉得y是x的函数的有①、⑤、⑥。

师:①、⑤、⑥为什么是?而其余的为什么不是?

生21:这三个式子中每当x取定一个值,y就有唯一确定的值跟它对应,而其余三个y不唯一。

师:其他同学也是这么认为的吗?

生22:我不同意他的看法。我觉得③也是。

(其余学生在下面窃窃私语,有表示赞同,也有认为③不是的)

师:好,现在问题的焦点看来主要集中在③上了,其实要想判断一个式子是否符合要求,我们只要结合函数的概念来看,正如刚才"同学21"所说的,①、⑤、⑥之所以是,是因为每当x取定一个值,y就有唯一确定的值跟它对应,那我们看看③,也有类似的特征吗?

生23:我觉得③也有类似的特征,譬如$x=1$时,$y=3$;$x=-1$时,$y=3$;$x=0$时,$y=0$。所以③应该也是。

师:好的,你还注意了例子的代表性,我也同意你的看法。

4. 请分析下列各图中哪些表示 y 是 x 的函数。

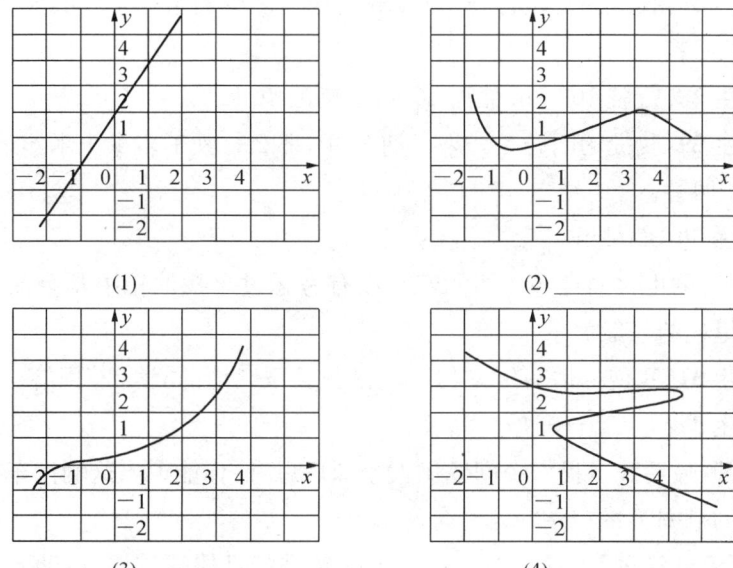

(1) _____　　(2) _____

(3) _____　　(4) _____

生 24：(1)、(2)、(3)都是，(4)不是。

师：简要阐述一下理由。

生 24：(4)中如果 $x=2$ 时，y 会有三个值与它对应，所以不行，而前面三幅图都符合要求。

师：完全正确。看下一题。

5. 一辆汽车的油箱中现有汽油 50 L，如果不再加油，那么油箱中的油量 y（单位：L）随行驶里程 x（单位：km）的增加而减少，平均耗油量为 0.1 L/km。

你能根据上述信息并结合今天所学的知识提出一些问题吗？你能邀请你的同学帮你作出解答吗？

（学生思考）

生 25：我提出的问题是变量是什么？常量是什么？自变量是什么？谁是谁的函数？

师：很有层次感。那你想请谁回答？

生 25：我请"同学 26"回答。

生 26：变量是行驶里程 x 和油箱中的油量 y，常量是现有油量

50 L、平均耗油量 0.1 L/km,自变量是里程 x, y 是 x 的函数。

生 27:我的问题是行驶 100 km 后还有多少剩余油量?我想请"同学 28"回答。

生 28:行驶 100 km 耗油 10 L,还剩油 40 L。

生 29:我提的问题是如果剩油 20 L,那么行驶了多少千米?请"同学 30"回答。

生 30:300 km。

师:倒也言简意赅。那大家有没有考虑过寻找油箱中剩余油量与行驶里程的一般关系?

生 31:我就提请写出 y 与 x 的函数关系。请"同学 32"回答。

生 32:$y=50-0.1x$。

师:最后我也提一个问题供大家课后思考:你能说出这辆汽车行驶路程的范围吗?

【设计意图】 通过对上述几个问题进行具体的讲评,借助实例来理解变量、常量以及函数等概念,强调理解函数概念的关键为:① 一个变化过程,② 两个变量,③ 唯一对应关系。在讲解概念后立即给出理解巩固题,给学生创设一个独立领悟、合作生成的空间,有助于进一步理解、领会有关的概念。

2.6 课堂小结与反思

师生共同小结。

【设计意图】 通过小结和学生反思,进一步理顺学生的学习思路,加深对变量、常量和函数等有关概念的理解。

2.7 布置作业

1. 阅读课本第 94~98 页,并完成第 106 页 1,2,3 题;
2. 补充习题 14.1(一)。

【设计意图】 作业布置活动既注意引导学生将数学知识体系化,又要从能力、情感态度等方面关注学生对课堂的整体感受。

3. 教学反思(兼设计说明与启示)

3.1 教学设计说明

"14.1 变量与函数"是人教版第十四章第一单元,本课的教学是展示本章第一课时的教学。按教材的安排,第一小节是"变量",第二小节才是"函数的概念"。尽管"变量的概念"是函数学习的入门,也是进一步学习的基础,地位十分重要,但是借助对实际情景的分析,学生不难理解变量和常量的概念。再者,函数是数学中最重要的基本概念之一,是数学中的核心内容,能在第一课时让学生初步接触到函数的本质内容将非常有利于学生对函数知识的进一步学习。因此,我把第一、二小节整合为一个课时,让学生通过实例,对变量之间的关系进行分析,进而更好地理解函数的概念内涵。因此,本课时的重点任务是了解函数的本质内容,至于函数的三种表示方法、根据函数关系列函数表达式等内容可作简单交代。

函数概念的核心内容是"一个变化过程,两个变量的唯一对应关系",如何能很好地解析什么是"唯一对应"关系应该是在高中学习函数概念时才能有一个更严谨的说法。因此在初中阶段,只需让学生了解和感知变量和函数的有关概念即可。为了能更好地引导学生学习这种抽象的概念,我选择了通过创设学生熟悉的现实情景,通过对三个"问题"的多角度挖掘,给学生直观地呈现出三个问题反映的共同特质,即反映了不同事物的变化过程,在变化过程中都有两个变量,并且当其中一个变量取定一个值时,另一个变量就随之确定一个值。然后再通过实际例子的分析引出函数,从而使得抽象的"函数"变得丰满、具体。这样,使学生在熟悉的现实情景中感知变量和函数的存在和意义,体会变量之间的互相依存关系和变化规律。

3.2 教学反思与启示

在具体教学环节中,我坚持秉持课堂预设性与生成性的结合,将教师的引领和学生的自悟有机结合起来。一方面,教师作为一个组织者、引导者,应努力营造宽松、合作、协商的学习氛围,建立合作伙伴式的生生关系、师生关系,对学生暴露出的思维不足或错误以及不同见解予以宽容与理解,从而真正建立平等、民主、和谐的师生关系,使学生在课堂上表现出更多的自信,也就更易获得身心的健康发展。

另一方面,教师又需放手把学习的主动权还给学生。具体说来就是教师应善于捕捉学生认知的兴奋点,能针对课堂上有意义且易于发散的内容进行互动,包括学生积极思维活动的参与,这种互动不是师生间机械的问答,也不是学生间形式上的分组讲话,而是教师在紧紧围绕教学目标开展的教学过程中"学生积极的思维活动"和"有意义的内容生成"这两个方面的互动。而要顺利完成这一互动,则主要取决于课堂问题的恰当驱动,当合适的问题环环相扣,步步深入,成为教学环节进程的助推剂,"积极思考"与"知识生成"也就顺理成章地贯穿于课堂教学进程始终了。如何能真正做到这一点,还有一个重要元素是课堂上的知识必须与学生的经验世界以及现实生活紧密联系起来,这样的课堂才会变得鲜活而有亲和力,知识不再抽象而陌生,内容不再空洞而苍白,把很长时间以来课堂与生活隔离的藩篱打破,从而真正让课堂充满生命的活力和成长的气息。

课例 4

解一元一次方程(一)

——合并同类项与移项(第1课时)[①]

一、教材内容

人教版义务教育教科书七年级上册数学第三章"一元一次方程"3.2 解一元一次方程(一)——合并同类项与移项(第1课时)。

二、教材分析

方程属于《义务教育数学课程标准(2011年版)》(下称《标准》)课程内容中"数与代数"的范畴,作用是建立和培养学生符号意识、模型思想和应用能力。《标准》中方程安排在第二学段(4—6年级)和第三学段(7—9年级)。第二学段的要求是"能用方程表示简单情境中的等量关系,了解方程的作用;了解等式的性质,能用等式的性质解简单的方程。"第三学段的要求是"能根据具体问题中的数量关系列出方程,体会方程是刻画现实世界数量关系的有效模型;掌握等式的基本性质;能解一元一次方程……",后面还有二元一次方程组、一元二次方程的学习。由此可见,一元一次方程在方程内容的学习过程中具有承上启下的作用,是学习其他方程和方程组的基础。解一元一次方程的基本步骤包括去分

[①] 本课为笔者于2015年5月参加南通市中小学教师网络团队教研比赛初中数学团队比赛的教学设计,经过三天的角逐,本课获得南通市一等奖。

母、去括号、移项、合并同类项,未知数前面的系数化为1,因此,合并同类项是解一元一次方程的基础。同时,本节课对于进一步培养学生分析问题和解决问题的能力,增强数学应用意识具有十分重要的作用。

从教材内容安排角度,教材首先从实际问题引入课题,探究得到合并同类项解一元一次方程的基本步骤,然后用合并同类项解2个具体的方程,最后还是用实际问题作为练习巩固,教材这样编写的意图就是要求本节课的教学重点不能满足于学生会用合并同类项法解方程,还要求学生能够根据具体问题中的数量关系,设未知数列方程,从而进一步体会方程是刻画现实世界数量关系的有效模型。

三、学情分析

1. 认知基础

在小学阶段,学生已经能够在具体情境中用字母表示数,并用方程表示简单情境中的等量关系,能够用等式的性质解简单的方程,到七年级,人教版教材的第1章是"有理数",第2章是"整式的加减",有理数的运算和整式的加减是解一元一次方程的知识准备。

2. 思维特征

解一元一次方程实际上就是不断把方程转化为 $x=a$ 的形式,是一个不断化归的过程,整体思想和转化思想是十分重要又难以掌握的数学思想,对学生的数学素养、学习能力要求较高,而七年级学生的思维方式正处于由直观形象思维为主向以抽象逻辑思维为主过渡的思维发展关键期。因此,在学习方式上,一方面,要不断提供自主探究的时间和空间,帮助学生自我发现合并同类项的本质,概括用合并同类项法解一元一次方程的基本步骤,同时,教学过程中,要适时借助媒体资源直观演示,并利用小组学习、合作交流的方式提高学习效率。

四、教学目标

1.能够利用合并同类项解简单的一元一次方程,并体会化归思想。

2. 能够找出实际问题中的已知数和未知数,分析它们之间的关系,设未知数,列出方程表示问题中的等量关系,体会建立数学模型的思想。

3. 通过探究实际问题与一元一次方程的关系,进一步体会利用一元一次方程解决问题的基本过程,感受数学的应用价值,提高分析问题、解决问题的能力。

五、重点难点

重点:分析实际问题中的数量关系并用一元一次方程表示其中的相等关系,理解合并同类项的本质,会用合并同类项解一元一次方程。

难点:根据实际问题中的相等关系设未知数建立方程模型。

六、教学策略

基于对教学内容和学生学情的分析,我们采取以下的教学策略。

策略1:"先行组织者"教学策略

在创设情境引入新课这一环节,设计能够利用小学学习的方程知识列方程并用等式的性质解方程的实际问题,然后对引例作适当的变式,引入本课的学习,从而为本节课的学习提供了知识准备和研究素材,也为本课研究列方程解决实际问题提供研究的线索和路径方法。

策略2:加涅的建构主义策略

建构主义理论认为,学生学习的过程是一个不断自主建构的过程。本节课一开始列出的实际问题方程只有一项含有未知数,变式以后方程有两个、三个项含有未知数,从而引发认知冲突,产生学习内需,然后通过探究发现,运用乘法分配律可以解决这个问题,从而转化为第一种情形,这样,新的知识就附着在原来的认知网络上,认知结构得到扩充。

策略3:交流合作教学策略

根据爱德加·戴尔的学习金字塔理论,小组学习、合作探究和踊跃展示从学习的性质上属于学生的主动学习,这些学习方式能够明显地提高所学知识的保留率,因此,在本课教学过程中,在寻找实际问题中的等量关系,以及在探究运用合并同类项的基本步骤过程中,在学生独立思考和自主探究的基础上,充分利用小组合作学习的方式,努力提高学生的学习效率。

七、教学流程图

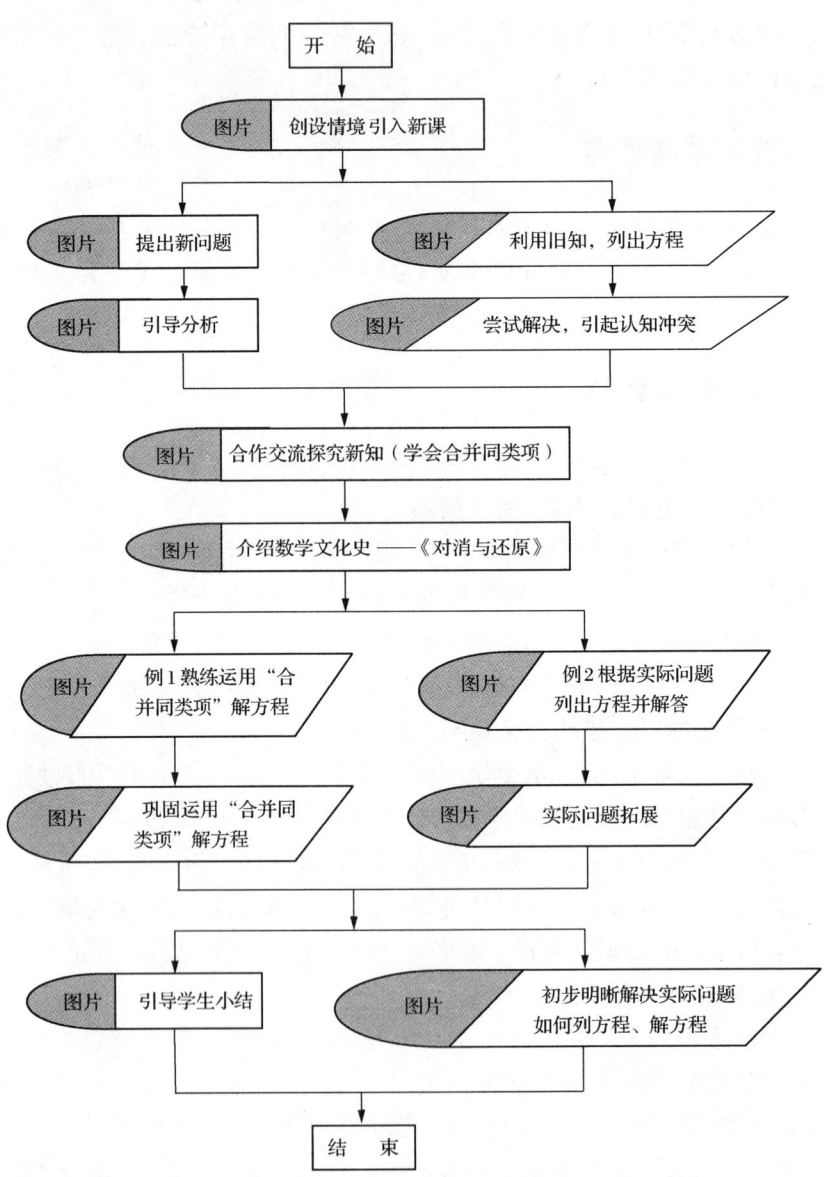

八、教学过程

教学环节	教师活动	学生活动	设计意图	整合点	整合点分析
一、创设情景引入新课	**关注生活，引发思考**：前一段时间某地发生地震，我们学校七年级学生踊跃捐款。提问：我校七年级1班学生共捐款428元，2班学生每人捐款10元，2班捐款比1班多22元。求2班有多少学生？（列出方程）	学生首先独立列出方程，列好后小组讨论	课件展示图片，数学与生活链接，创设情景，激发学生的学习兴趣，调动学生学习的积极性，让学生关注生活，引发思考	整合点1	好的导入，是一堂课成功的一半。为激发学生学习兴趣，新课导入一定要新颖，有吸引力，教师通过展示精心收集到的图片，演示教学有关图片，内容贴近学生生活，并是学生感兴趣的，易于激起学生的求知欲，同时以此转化为进一步深化学习的内驱力，促使课堂的教学达到事半功倍的效果
二、提出问题回顾旧知	提问：同学们如何利用上一节课的知识解这个方程？	学生利用等式性质独立解这个方程	让学生回顾利用等式性质研究方程的解法		
三、合作交流探究新知	（1）提出问题，建立模型：1.某校三年共购买计算机140台，去年购买数量是前年的2倍，今年购买数量又是去年的2倍。前年这个学校购买了多少台计算机？（列出方程，并解方程）	学生先独立列方程，然后小组合作讨论方程的解法	课件展示如何分析实际问题列方程的过程，这是贯穿全章的中心，也是解方程的背景，引出解方程中的"合并同类项"这一步骤	整合点2	动画演示，建构方法。有些教学内容比较抽象，不容易被学生接受和理解，作为老师应化繁为简，将深奥的理论讲得通俗易懂。用动画演示是对学生思维的现实冲击。学生不仅学会了知识，而且掌握了学习的方法，培养了创新精神，同时也体现了"学为主体，教为主导"的教学原则
	（2）合作探究，归纳方法：全班回顾本题列方程的过程，以及解方程的过程，并采用框架图的形式展示解方程的过程，设前年购买x台，列方程得：$x+2x+4x=140$，把含有	学生回顾合并同类项的方法，引导学生把方程转化为$x=a$的形式，并	课件动画显示框架图解方程的过程，规范解题过程与步骤，并渗透算法中程序化的思想	整合点3	化静为动，直观形象地向学生展示了用合并同类项解方程的步骤，从而让学生对整个解题步骤有了清晰的认识，为学生自己解方程提供了解题步骤规范。课件播放动画效果要求，让学生明确解题的步骤，为活动的顺利、高效开

(续表)

教学环节	教师活动	学生活动	设计意图	整合点	整合点分析
三、合作交流探究新知	x 的项合并同类项，得 $7x=140$。下面的框架图表示了解这个方程的流程： $x+2x+4x=140$ ↓合并同类项 $7x=140$ ↓系数化为1 $x=20$ 并在过程中提问系数化为 1 的依据是什么？	回答系数化为1的理论依据是等式性质2			展提供保障
	（3）请学生思考合并同类项在解方程中起到什么作用？	学生回答	不断渗透合并同类项是一种恒等变形，更接近 $x=a$ 的形式		
	（4）了解史实，提升素养：教师介绍数学家花拉子米写的一本代数书《对消与还原》重点就是论述如何解方程，其中"对消"就是合并同类项	学生观看图片	利用数学史进一步激发学生的学习需求	整合点4	在数学教学中，适时利用图片展示数学家和数学巨著，恰当地引入与教学内容有关的数学史中引人入胜且富有启发意义的历史话题，可以使学生明白数学并不是一门枯燥无味的学科，而是一门不断发展的生动有趣的学科，从而可以大大激发学生学习数学的兴趣。数学史和数学教学息息相关，通过在数学教学中渗透数学史知识，可以帮助学生在学习、研究、应用数学的过程中逐步体会数学的文化价值，把学生对数学的"怕"转化成"爱"，从而全面提高数学乃至其他课程的教学质量

(续表)

教学环节	教师活动	学生活动	设计意图	整合点	整合点分析
四、独立解决应用新知	1. 例题规范，巩固新知 例1：解下列方程： (1) $2x - \frac{5}{2}x = 6 - 8$；(2) $7x - 2.5x + 3x - 1.5x = -15 \times 4 - 6 \times 3$ 首先分析例1中两个方程的共同点，然后学生独立解方程	学生独立完成，小组讨论，再次回顾合并同类项解方程的步骤	本题为展现如何实施合并同类项来解方程而设计	整合点5	无线传屏(用手机拍摄学生自主探究的原生态过程，把学生的错误解法，通过无线同步呈现在教室的大屏幕上)
	2. 基础训练，学以致用 练习：解下列方程 (1) $5x - 2x = 9$ (2) $\frac{x}{2} + \frac{3x}{2} = 7$ (3) $-3x + 0.5x = 10$ (4) $7x - 4.5x = 2.5 \times 3 - 5$	学生独立完成，小组合作交流结果	本题的设计为巩固对解法的理解	整合点6	本部分通过课件为学生提供交互式的练习方式，凸显学生学习的自主性，使学生成为学习的主体，逐步学会学习
	3. 分析尝试，探究规律 例2 有一列数，按一定规律排列成 $1, -3, 9, -27, 81, -243, \cdots$ 其中某三个相邻数的和是 -1701，这三个数各是多少？	学生先观察，发现规律；小组合作探究，然后解决问题	巩固对相应解法的理解和掌握，逐步引导学生理解和如何列方程。本题中方程的解法进一步展示了合并同类项这种变形的步骤。列方程、解方程是利用方程分析和解决实际问题的基本过程中不可或缺的两个环节	整合点7	通过媒体展示，能够解决教学重点、难点，同时能寻求知识之间的联系，感悟规律，也充分调动了学生学习的积极性，发挥了学生在学习中的主体作用，让学生在学习中获得了成功的快乐

(续表)

教学环节	教师活动	学生活动	设计意图	整合点	整合点分析
五、类比迁移巩固方法	1. 三个连续的奇数的和是39,求这三个数。 2. 我校开展的数学课外兴趣小组活动,每周四进行一次活动,现知本月连续的三次活动的日期之和为27,你知道哪三天吗?本月的四次活动的日期之和是多少呢?	学生小组合作全班一起探究问题	再次根据实际问题列出方程,巩固合并同类项的解法		
六、小结提高完善认知	提问:1. 你今天学习的解方程有哪些步骤? 2. 如何列方程?分哪些步骤?	学生回答。学生通过对自我学习过程、学习态度以及独立思考的习惯、合作交流的意识等多方面的自我评价与反思,了解自我学习状况,看到自己的进步,树立学好数学的信心	反复渗透解方程的最终目标,体会具体的解法步骤。进一步体会利用一元一次方程解决问题的基本过程和建立数学模型的思想,提高分析问题、解决问题的能力	整合点8	课件展示凸显教学重点、化解教学难点的过程之中,延伸到学生的探究过程、能力发展中,从而促进数学与信息技术的深度融合
七、布置作业课外拓展	1. 教科书第88页第2题。 2. 补充作业: (1) 三个连续偶数的和是30,求这三个偶数。 (2) 选做题:某月的日历上,在3×3的方阵中,9个数之和是126,则这3×3方阵的中心的那个数是多少?	学生独立完成	通过课后练习进一步巩固本课所学内容,明确方法,知识迁移		

课例 5

"一次函数"全章复习

教学目标：

（1）理解函数的概念，掌握一次函数及其图象的性质，会用待定系数法确定一次函数的解析式；

（2）学会从整体上把握全章的知识结构，梳理知识，形成知识体系；

（3）经历观察、分析、类比、操作等学习过程，进一步提升分析、解决实际问题的能力，渗透数形结合思想、建模思想；

（4）通过创设情境，变式训练，增强克服困难后成功的心理体验。

教学重点： 一次函数及其图象性质的综合应用以及解决实际问题能力的培养。

教学难点： 将实际问题抽象为一次函数模型的能力。

教学方法与教学手段： 初二学生思维上仍倚重于具体、直观、形象的认知方式，抽象、分析、概括能力尚稚嫩，但自主独立的意识明显觉醒，总期望自己是一个发现者、探索者。本复习课中的内容比较多，新授学习期的前后时间跨度大。鉴于此，教学中我以启发引导为指导思想，通过梳理知识结构，穿线连珠，先为学生做知识方面的铺垫，借助课件来增大教学容量，增加有效教学时间，借助知识生长树，来提高对学生刺激的新颖感，在课件中制作flash插件，通过生动、直观的运动画面，突破应用的教学难点，激发学生参与的热情，让学生合作交流、自主发现，自主建构出数学模型，通过变式训练，在应用中内化概念，深化认识。

教学过程:

教学环节	教学流程	设计思考
整体布局 构建框架	引入以知识生长树的形式呈现一次函数部分的知识架构,创设情境（图：一次函数知识生长树，包含概念、图象、性质、应用） 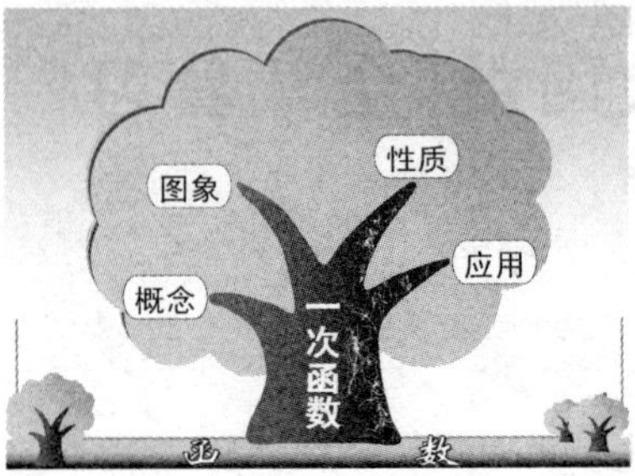	从一次函数知识的发生、发展过程出发,以知识点"生长树"的方式形象地呈现出来,既从章节复习的整体上进行了架构,又对学生的心理上产生新颖的刺激,自然地创设情境
例题导引 梳理概念	在下列表达式中:① $y=-3x$,② $y=\dfrac{2}{x}$,③ $y=x+1$,④ $y=x^2$,⑤ $y^2=x$ (1) y 是 x 的函数的是＿＿＿＿＿； (2) y 是 x 的一次函数的是＿＿＿＿＿, 正比例函数是＿＿＿＿＿。 (顺便交代正比例函数与一次函数的关系)	寓函数、一次函数概念的复习于题目中,为下面的函数图象及性质的梳理作引导性衔接过渡
知识回顾	解析式：一般地,形如 $y=kx+b(k\neq 0)$ 的函数 图象：$k>0$ | $k<0$ 性质：	将零碎的知识以表格的形式梳理,将知识的块块变成条条,便于学生对信息的储存、提取和应用
基础知识训练	1. 如果一次函数 $y=kx-3k+6$ 的图象经过原点,那么 k 的值为＿＿＿＿。 2. 已知一次函数 $y=mx-2$,请你补充一个条件＿＿＿＿,使 y 随 x 的增大而减小。 3. 若一次函数 $y=(1-k)x+k,k>1$,则函数的图象不经过第（　）象限。 A．一　B．二　C．三　D．四 4. 汽车开始行驶时,油箱内有油 40 L,若每小时耗油 5 L,则油箱内余油量 $Q(L)$ 与行驶时间 $t(h)$ 的函数关系用图象表示应为图中的（　　） A　　B　　C　　D	从不同侧面,对基础知识进行训练,以期夯实双基。 用 5 道小题目进行巩固,覆盖面大,具有"耗时短、难度平、反馈快"的优点。

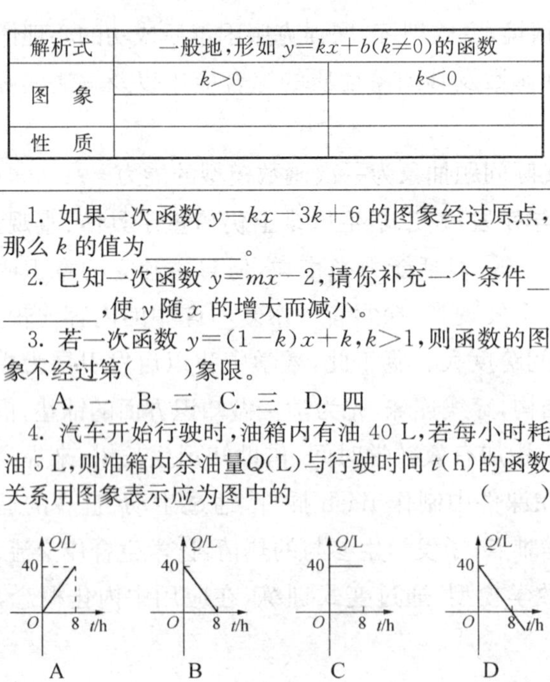

(续表)

教学环节	教学流程	设计思考
	5. 已知直线 $y=-\dfrac{1}{2}x+1$， （1）直线与 x 轴的交点坐标是_____，与 y 轴的交点坐标是_____。 （2）当 x _____时，$y>0$；当 x _____时，$y<0$。 （3）若直线 $y=\dfrac{3}{2}x-1$ 与直线 $y=-\dfrac{1}{2}x+1$ 交于点 A，则点 A 的坐标为_____。	
	例2 已知直线 $l_1:y=x-1$ 与直线 l_2 相交于点 $C(2,m)$，直线 l_2 与 y 轴的交点的纵坐标为2。 （1）试求直线 l_2 的解析式； （2）求直线 l_1、直线 l_2 与 y 轴所围成的三角形面积； （学生板演，规范格式，并增加下面一问） （3）当 x 为何值时，$y_1>y_2$？	用待定系数法确定函数解析式，求图形面积及从形的角度去比较两函数值大小，有效地将本章几方面的重点知识串联起来，旨在促进学生将头脑中的知识进行融会贯通。
探究尝试 例题剖析	例3 一列快车从甲地驶往乙地，一列慢车从乙地驶往甲地，两车同时出发，设慢车行驶的时间为 $x(h)$，两车之间的距离为 $y(km)$，图中的折线表示 y 与 x 之间的函数关系。 根据图象进行以下探究： 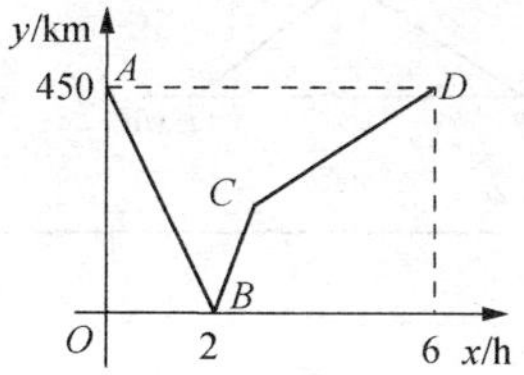 图1 **信息读取**： （1）甲、乙两地之间的距离为_____km； （2）请解释图中点 B 的实际意义； （3）求慢车和快车的速度； （4）求线段 BC 所表示的 y 与 x 之间的函数关系式，并写出自变量 x 的取值范围。	本题取材于南京市中考数学的压轴题，构思巧妙，虽有一定的难度，但作为全章复习，"拿来"使用，是训练学生数形结合等方面能力的极好素材。 本题对学生能力要求高，理解起来也较抽象，此处借助多媒体的动画演示，突破学生的思维瓶颈。

（续表）

教学环节	教学流程	设计思考
建立体系 纳入系统	一次函数 本章知识结构图 变化的世界 → 建立数学模型 → 函数 → 图象 一次函数 → 性质 再认识 一元一次方程 一元一次不等式 二元一次方程组 应用 一次函数 数学是锻炼思维的体操	建立全章的知识体系，理清知识脉络，加强了知识间横向和纵向的联系，使学生把以前学习的方程和不等式等不同数学对象统一起来认识，发挥函数对相关内容的统领作用，顺应学生的心理发展的阶段需要，以期达成教科书编者的编写意图。
拓展延伸	**变式** 　若快车、慢车速度保持不变，仍同时从甲、乙两地出发，但按同一方向驶往距甲地1 350 km的丙地，两车距离 $y(km)$ 与慢车行驶时间 $x(h)$ 之间的函数关系如图2中的折线所示。 (1) 你能结合图象描述两车的运动过程，并求出 $E、F、G$ 三点的横坐标吗？ (2) 求出 y 与 x 的函数关系式。 图2	对原题变式，在变中寻求不变的分析解决问题的思想方法，促进知识的类化、深化，有利于学生的思维延伸、拓展。 "伤其十指，不如断其一指"。从教学的有效性角度看，在原题基础上进行开发利用，有以一当十的训练功效。

教学设计说明：

从学生认知角度看，学生虽在新授阶段已学习了一次函数，但头脑中并未形成完整的知识结构，加之对函数知识的掌握需要有一个分阶段、逐步深化的过程，因而章节的复习绝不能只是原有知识的简单重复和再现，要从整体上更全面深入地内化认识，以促成螺旋式上升。

基于此，在进行本课复习设计时，注重了以下几个方面：

1. "整体布局，分段疏通"梳理知识

课伊始从主干知识一次函数出发，突出其"骨架"中的四方面，并以此为课堂主线组织教学活动,通过发挥表格的条理作用,对一次函数的概念、图象、性质进行具体温习,最后再从知识体系的角度,以知识框架图的形式,认识全章知识之间的关联,便于学生形成完整的知识结构,纳入学生已有的知识系统。我们认为:只有结构化了的知识,学生才会掌握得更牢固。

2. 遴选、变式,做到"题尽其用"

例、习题的选择,是复习课设计的一个十分重要的方面。围绕本章的重要知识点、易错点、主要的思想方法,我对题目进行了筛选。选择例1作为对函数等有关概念的巩固,5道填空、选择类小题,作为对函数图象及性质、实际应用的检验,用待定系数法及考查数形结合能力的看图象问题作为例2,挑选出蕴含信息量大、有一定难度、可训练多方面能力的应用问题作为例3,并将相向变式为同向拓展。整个选题注重了数学思想方法,体现出明显的梯度,难易适中。

3. 尊重主体,激发学生主动参与

促进学生的主体发展是新课标的核心理念。在本节课的流程设计中,就改进学生的学习方式,优化学生的学习过程,深化学生的学习体验等方面予以了足够的关注。教师引导下的学生群体探究、个体研究基础上的小组合作探究及个体自主探究贯穿课堂全程。

4. 借助多媒体动画,辅助教学

多媒体等教学辅助手段只有与课程的具体内容有机融合,才会相得益彰。本课设计知识生长树的动态生成,旨在体现出知识点之间的发生发展,引导学生用新的更全面的观念认识旧知识,激发学生的学习热情。对于例3,由于题目本身运动背景复杂,题目又将行程问题中的各个不同阶段抽象成一次函数模型,以折线段的形式提供信息,在学生思考遇到困难的情况下,借以汽车的动态演示,形象直观,对帮助学生清晰理解各运动阶段变量的关系,有明显的辅助作用。

课例 6

"全等三角形"章测试卷讲评课

设计说明：

初中生在完成学段学习任务后会面临着毕业和升学的双重压力，因而在初三阶段，特别是初三第二学期将以复习课和试卷讲评课为主要课型，而在这一阶段，教师普遍重视复习课的教学设计以及阶段性的检测，但对检测之后的试卷讲评往往缺乏足够的重视和深入的研究，甚至很多教师都不承认试卷讲评是一种独立的课型，以至于讲评的随意性较大，有时候匆匆忙忙一带而过，达不到应有的效果。

试卷讲评课不是单纯的演示解题，也不仅仅是澄清答案正误，而应能发现问题，诊误纠错，反馈信息，点拨思路，突破难点，提升思维，形成素养，因此，开展试卷讲评课的教学设计研究，有利于进一步发挥教师团队合作的智慧和优势，形成一定的教学模式，提高教学效益。

教学目标：

1. 进一步系统感受全等三角形的性质与判定，角平分线的性质与判定及相关应用知识，对全等三角形全章内容查漏补缺，牢固建立全章知识脉络。

2. 通过对典型例题的剖析、再认识，进一步提高审题能力，学会总结解题方法和规律，掌握一定的答题策略。

3. 在对全等三角形全章再认识的过程中，增强解决问题的信心，获得解决问题的成功体验，培养理性精神。

讲评重点： 典型错例剖析，解题规范化，解题策略的生成。

讲评难点： 解题策略的有效生成。

教学方法与手段：评（评错误原因，评优秀解法，评新题生题）、议、练结合。

教具：实物投影仪、小黑板。

教学过程：

问题与情境	师生行为	设计意图
活动1　揭示课题，鼓足信心 出示"全等三角形"章测试卷全班学生分数段扇形统计图和各题失分率条形统计图	教师以"信心·希望"小事例引入课题，并结合考试基本情况鼓足学生信心，营造试卷讲评氛围	从学生生活中的事例出发，引入试卷讲评的话题，自然而亲切，使学生增强参加数学活动的愿望，并在活动中发挥积极的作用
活动2　错例剖析，归纳提高 **（一）审题要细致** 试题15　王师傅常用角尺平分一个角，如图（1）；学生小明可用三角尺平分一个角，如图（2）。他们在$\angle AOB$两边上分别取$OM=ON$，前者使角尺两边相同刻度分别与M，N重合，角尺顶点为P；后者分别过M，N作OA，OB的垂线，交点为P，则射线OP平分$\angle AOB$，均可由$\triangle OMP \cong \triangle ONP$得知，其依据分别是____。 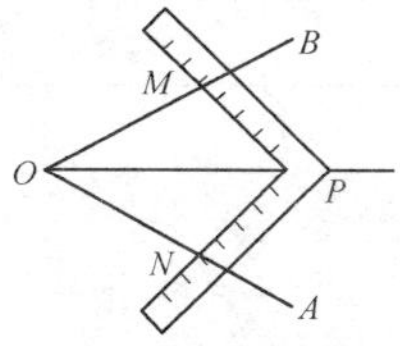 （1） 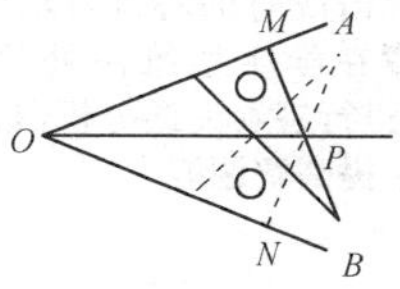 （2）	让学生找出题中的关键语句，教师适当借助实际工具进行演示，再由学生确立两图中各自的已知条件，在图上标出记号，得出正确答案 在活动中教师应重点关注： （1）学生是否能准确把握题意，这是本题的关键 （2）学生构造全等三角形的意识 （3）学生数形结合的意识 师生共同分析完成后，教师归纳此类问题解题要点： **审题要细致**	本题失分率较高，通过教师直观演示，让学生寻找关键语句，在图上标记符号等环节，潜移默化地促进学生养成细致审题的习惯

（续表）

问题与情境	师生行为	设计意图
（二）解题要规范 试题 21　如图，$\triangle ABC \cong \triangle A'B'C'$，$AD$，$A'D'$ 分别是 $\triangle ABC$，$\triangle A'B'C'$ 的对应角的平分线。AD 与 $A'D'$ 有什么关系？证明你的结论。 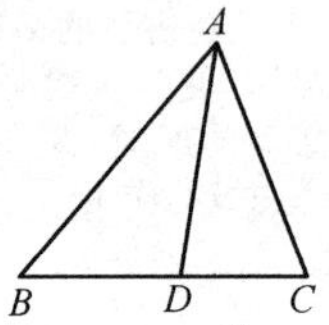 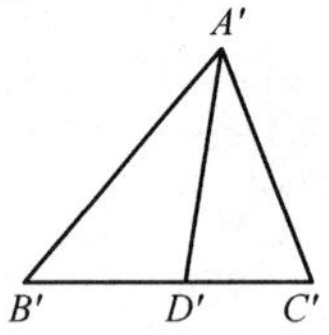	教师分别出示第 21 题、第 22 题学生典型答题个例，师生共同寻找不足，学生进行评价	解题的规范包括语言表达规范、答案规范。语言（包括数学语言）叙述是表达解题程式的过程，是数学解题的重要环节，因此，语言叙述必须规范，应步骤清楚、正确、完整、详略得当，言必有据
试题 22　如图，$AC \perp BC$，$AD \perp BD$，垂足分别为 C，D，$AD=BC$，$CE \perp AB$，$DF \perp AB$，垂足分别为 E，F。求证：$CE=DF$。 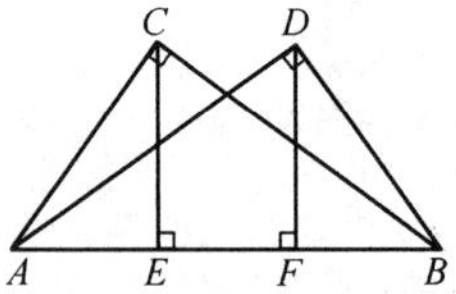	师生共同分析完成后，教师归纳此类问题解题要点：**解题要规范**	答案规范是指答案准确、简洁、全面，既注意结果的验证、取舍，又要注意答案的完整。要做到答案规范，就必须审清题目的目标，按目标作答
（三）考虑要全面 如果长为 l 的一根绳子，恰好可围成两个全等三角形，那么其中一个三角形的最长边 x 的取值范围是（　） A. $\dfrac{l}{6} \leqslant x < \dfrac{l}{4}$ B. $\dfrac{l}{8} < x < \dfrac{l}{4}$ C. $\dfrac{l}{6} < x < \dfrac{l}{4}$ D. $\dfrac{l}{8} < x < \dfrac{l}{4}$	先让所选选项具有典型性的学生阐述自己的解题思路，引导学生对其思路进行比较、评析，找出问题症结所在，教师再概括归纳，从一般角度，通过列解不等式组求解，做到不重不漏，全面考虑	教师引导答错的学生说出出现错误时的心理，以暴露隐藏在学生思维深处的错因，进行答卷失误分析，帮助学生提高解题能力

(续表)

问题与情境	师生行为	设计意图
如图，△ABC 不是等腰三角形，DE=BC，以 D,E 为顶点作位置不同的三角形，使所作三角形与△ABC 全等，这样的三角形最多可以作（　） A. 2个　B. 3个 C. 4个　D. 5个 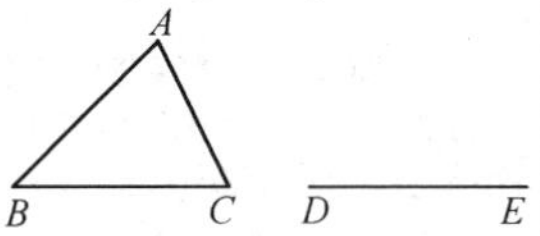	教师事先剪好几张全等的形如△ABC的三角形纸片，让学生到黑板前进行实践操作，演示以 D,E 为顶点的位置不同的三角形，并要求说出每种演示情形中对应关系 师生共同分析完成后，教师归纳此类问题解题要点：**考虑要全面**	学习方式的转变能培养学生主动探索敢于实践的意识 强调层次性讲评是全体师生的双边活动，但不同学生存在的问题不尽相同，因而要调动各层次学生都积极参与讲评活动，使每一位学生都有所收获。这就要求教师从整体上把握讲评内容的层次性，使内容层次与学生层次相吻合
(四) 思维要灵活 试题 17　在 Rt△ABC 中，∠C=90°，∠A、∠B 的平分线交于点 I，ID⊥AB 于 D。如果 AB=5 cm，AC=4 cm，BC=3 cm，那么 ID=_____cm	引导学生从角平分线的性质入手，探究点 I 的特殊位置，即 I 到三角形三边距离都相等，再从已知三角形三边长这一重要特征出发，采用一种全新的方法——面积法解决此题 为体现从特殊到一般的数学思想方法，将此题的条件作一般化处理，并进一步要求能用三角形周长和面积来表示两内角平分线交点到三边的距离	讲评中要借题发挥，善于将原题进行变形，对某知识点从多角度、多侧面、多层次和不同的起点进行研究。如可以对试题的提问方式和题型进行改变（**改一改**）；对试题所含的知识内容扩大使用范围（**扩一扩**）；从某一原题衍生出许多新题目（**变一变**）
试题 13　如图，△ABC 中，AD 是 ∠BAC 的平分线，AB:AC=4:3，则 $S_{\triangle ABD}:S_{\triangle ACD}=$ 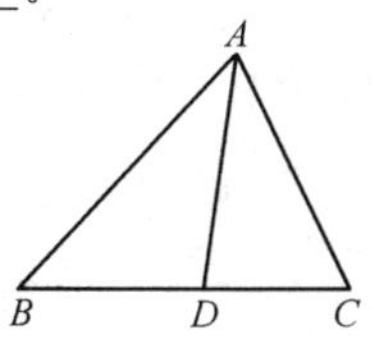 _____。	学生在独立思考的基础上再加以小组讨论交流后各抒己见（给学生充分的时间说出各种理由），教师聆听并指导总结 试题 13 也适宜使用面积法进行解答，并可进一步提问：若求 BD:CD 呢？以及再次回顾试题 22，是否也能利用面积法进行解答？ 师生共同分析完成后，教师归纳此类问题解题要点：**思维要灵活**	对某一类题目的特殊解题方法进行高度概括和总结，总结出相对固定的解题规律，真正使学生分析一道题，明白一个道理；纠正一道错题，会解一类题 在这个环节中教师应重点关注： (1) 学生能否积极参与对数学问题的讨论并勇于发表自己的见解 (2) 运用数学语言表述问题的能力

问题与情境	师生行为	设计意图
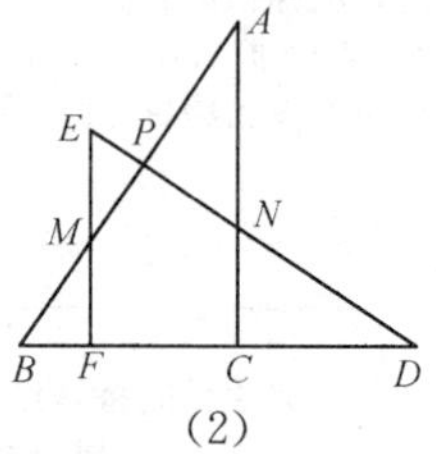 **活动3 拓展延伸，触类旁通** 试题25 操作：将一张长方形纸片沿对角线剪开，如图(1)，得到两张全等的直角三角形纸片，再将这两张三角形纸片摆成如图(2)所示的形状，使点 B、F、C、D 在同一条直线上。探究： (1) AB 与 DE 的位置关系，并证明你的结论。 (2) 如果 $PB=BC$，图中是否存在与此条件有关的全等三角形？若存在，找出一对加以证明；若不存在，请说明理由。 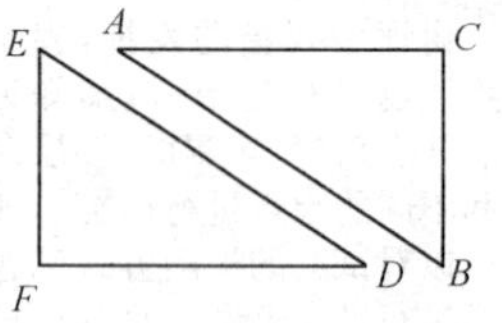 (图(1)、图(2))	重点分析讨论试题25，在第(2)小题的基础上拓展：能否找出图中所有的全等三角形呢？并放手让学生发散思考，小组讨论，交流发言 对于另外几组全等三角形，要求学生先理清思路，再规范书写过程，并请学生上黑板板演	要注意讲评内容的新颖性，讲评课涉及的内容都是学生已学过的知识，但讲评内容决不应是原有形式的简单重复，必须有所变化和创新。在设计讲评方案时，对于同一知识点应多层次、多方位加以剖析分析，同时注意对所学过的知识进行归纳总结、提炼升华，以崭新的面貌展示给学生，在掌握常规思路和解法的基础上更上一层楼
活动4 回顾反思，策略生成	教师引导学生回顾上述典型错例的矫正过程，反思自己的解题环节，初步形成解题策略 通过回顾反思再次调动学生学习热情，并培养学生对待科学知识要有"知其然并知其所以然"的探究精神	对内涵丰富、有一定背景的试题，应以它为例并对它丰富的内涵和背景进行针对性讲评，以发挥试题的更大作用以及拓展学生的知识视野 一节高质量的试卷讲评课，需要教师精心准备，要能在抓住典型、择其要点、精讲精析的同时，延伸发散，创新思维，归结技巧，才能达到真正提高试卷讲评课效率的目的

(续表)

问题与情境	师生行为	设计意图
活动5 民主小结,再鼓信心 通过本节课的学习,你有哪些收获?	学生全员参与,积极发言,交流学习心得 在学生回答的基础上,教师引导学生学会用数学的眼光观察生活,在解决问题时要逐步体会分类的数学思想	总结回顾学习内容,学会反思,通过回顾完成了对全等三角形一章再认识的过程
活动6:作业 1. 完成自我小结分析表(见附表) 2. 本节课我理解得最好的地方是_____ 3. 我还需要进一步理解的地方是_____ 4. 本节课所学内容还可以用于解决解题中的哪些问题?举例说明:_____ _____	这种形式的作业,激发了学生主动参与的意识,调动了学生的学习兴趣,为每一位学生都创造了在数学学习中获得成功体验的机会,尊重学生个体差异,满足多样化学习需要,从而使作业这个环节不呆板,而是有实效性,为学生提供更开阔的空间以梳理自己在本节课的收获 作业布置活动既注意引导学生将数学知识体系化,又要从能力、情感态度等方面关注学生对课堂的整体感受	

让讲评成为学生获取元认知监控的佳径——"全等三角形"章测试卷讲评设计。

元认知(metacognition)也称反审认知,是由美国著名心理学家弗拉维尔(J. H. Flavell)于20世纪70年代提出来的,其主要观点有:元认知指对认知的认知,包括元认知知识、元认知体验和元认知监控三个方面的内容,其中元认知监控处于核心地位,元认知监控就是人在认识活动中,把自己正在进行的认知活动作为意识对象,不断地积极地对其实施监视、控制和调节。在强调素质教育的今天,为使学生更好地掌握"终身学习"的本领,元认知能力的培养愈发受到重视,这当中,试卷(作业)讲评不失为一条学生获取元认知监控的有效途径。以"全等三角形"章测试卷讲评为例,笔者运用元认知理论引导学生对自己的学习效果进行反思,进而对自己的学习过程、学习方法、解题习惯、书写习惯、思维习惯等全面地进行反思整理,提炼出更适合自己的学习方式。

1. 自我纠错，强调主体参与

人教版八上"全等三角形"一章，是学生初学几何阶段易产生分化的章节，其内容主要包括三角形全等的判定和性质及应用，角平分线的判定和性质。作为一份章测试卷，无非围绕上述几个知识点从不同角度用不同的题型反复考查相关内容，考法多变，考点知识相对简单，从而非知识性失分势必会较多。

苏霍姆林斯基曾经告诫："希望你们要警惕，在课堂上不要总是教师在讲，这种做法不好……让学生通过自己的努力去理解的东西，才能成为自己的东西，才是他真正掌握的东西。"讲评前，留给学生一定的时空，让他们自己去思考、更正。对于自身解决不了或比较模糊的地方，因势利导，组织好生生合作，同时注意收集信息，弥补自己在试卷分析时的疏漏，为后面的重点讲评做更充分的准备。讲评中，教师则以点拨、启发、诱导、调控为主，引导学生体悟错因，提炼思路方法。

2. 积极评价，发挥测试的激励功能

课前，对考试的情况从均分、得分率、分数的分布等方面进行评价，以便学生进行比较，满足学生心理定位需求。教师以表扬为主，鼓信心，让学困生也看到希望，在应用考试的评价反馈功能外，发挥其在激励方面的教育功能。

3. 分析归类，注重针对性

批卷后，经过对试卷上失分较多的题目分析，从答题的角度，将试卷中的错因分成审题不细、表达不严、考虑不周、思维欠活四大类，并以此为主线，对部分试题进行重点讲评，做到有的放矢，击中要害，重点突出。

4. 变式延伸，留有余地

就题目讲题目，并非试题评讲的终结，而应利用学生的思维惯性，

引导学生做进一步的反思和探索，对试题变式或延伸，充分扩大试卷的评讲"战果"。在评讲少数试题时，我做了将题目一般化、一题多问的拓展处理。

5. 分析与考试结合，相得益彰

讲评贵在授之以法。在评讲试题过程中，注意不失时机地把对题目本身分析与考试方法的指导结合起来，如考试中时间的分配，心态的调整等，以使学生获得最大的收益。

6. 评讲之后，即时矫正补偿

对失分较集中的共性错误，除要求及时订正外，通过设计类似的题目，进行二次巩固。

由上述几方面做法可看出，教师在课堂中要有意识地增强学生自身体验的意识，充分利用启发式策略促进学生思维发展，从而大大激发学生智慧的潜能，在认知和情感两方面和谐向前发展，产生更好的教学效果。

附表：

信心·希望
"全等三角形"章测试自我小结

班级_____ 姓名_____ 学号_____

应得分	考试分	失 分 原 因					备注
		审题 不细致	解题 不规范	考虑 不全面	方法 不恰当	其他（如笔 误等）	
题号	具体存在问题						
我的目标与决心							